2364.

LES PAROLES
REMARQUABLES,
LES BONS MOTS,
ET
LES MAXIMES
DES ORIENTAUX.

Traduction de leurs Ouvrages en Arabe, en Persan & en Turc, avec des Remarques.

A PARIS,
Chez SIMON BENARD, ruë S. Jacques au dessus des Mathurins, aux Armes du Roi, de la Ville, & au Compas d'or.
ET
Chez MICHEL BRUNET, à l'entrée de la Grand' Salle du Palais, au Mercure Galant.

———

M. DC. XCIV.
Avec Privilege du Roi.

A
MONSEIGNEUR
BIGNON,
PREMIER PRESIDENT
AU
GRAND CONSEIL.

ONSEIGNEUR,

Si je prens la liberté de vous presenter ce petit Ouvrage, ce

ã ij

EPISTRE.

n'est point parce que vous estes à la teste d'une Compagnie Souveraine des plus augustes du Roïaume, ni parce que vous avés herité du merite, de la doctrine & de l'amour pour les belles Lettres de feu M. Bignon vostre illustre Pere, & que vous estes distingué dans la Robe & dans le monde par tant d'autres belles qualités. Je suis en cela l'exemple des Orientaux qui de toute ancienneté jusques à nos jours, chacun suivant leur pouvoir, ont fait & font encore des présens à ceux de qui ils ont reçû des faveurs. Les bontés que vous avés pour moi, parmi lesquelles je compte comme une grace toute

EPISTRE.

particuliere celle de m'avoir donné l'entrée à la docte Assemblée à laquelle vous présidés si dignement, m'obligent d'avoir cette reconnoissance.

Si parmi vos occupations pour le bien du Public vous avés le temps de parcourir ce Recueil, j'espere qu'il ne vous déplaira point ; parce qu'il contient des choses qu'on peut regarder comme nouvelles, puisque très-peu de personnes ont l'intelligence des Originaux d'où elles sont tirées. Neanmoins quelque satisfaction qu'il puisse vous donner, je n'ose pas le regarder comme un présent digne de vous. Mais, quand il n'en seroit pas digne, je vous sup-

EPISTRE.

plie, MONSEIGNEUR, de ne pas le considerer par cet endroit là; mais, par le zele & par la passion avec laquelle je suis très-respectueusement,

MONSEIGNEUR,

Voſtre très-humble &
très-obéïſſant Serviteur,
A. GALLAND.

AVERTISSEMENT.

CEt Ouvrage renferme deux parties, l'une des Paroles remarquables & des bons Mots des Orientaux, & l'autre de leurs Maximes. Le Lecteur qui aura quelque connoissance des Ouvrages des Anciens, remarquera sans peine que le premier titre est l'interpretation ou l'explication de celui d'Apophthegmes sous lequel Plutarque nous a laissé les Paroles remarquables & les bons Mots des anciens Rois,

AVERTISSEMENT.

des Capitaines Grecs & Romains & des Lacedemoniens. Le titre de, *Dicta memoratu digna*; c'est-à-dire, de paroles dignes de memoire, que Valere Maxime a donné en partie au Recueil que nous avons de lui, n'en est pas aussi beaucoup different.

Le dessein de Plutarque dans ses Apophthegmes, comme il le marque en les addressant à l'Empereur Trajan, fut de faire voir quel estoit l'esprit de ces grands hommes. Mon dessein est aussi de faire connoistre quel est l'esprit & le génie des Orientaux. Et comme les Paroles

AVERTISSEMENT.

remarquables repréfentent la droiture & l'équité de l'ame, & que les bons Mots marquent la vivacité, la fubtilité, ou mefme la naïveté de l'efprit, on aura lieu fous ce double titre, de connoiftre que les Orientaux n'ont pas l'efprit ni moins droit, ni moins vif que les peuples du Couchant.

Sous le nom des Orientaux, je ne comprens pas feulement les Arabes & les Perfans; mais encore les Turcs & les Tartares, & prefque tous les peuples de l'Afie jufques à la Chine, Mahometans & Païens ou Idolatres. Les Paro-

AVERTISSEMENT.

les remarquables de Ginghiz Khan & d'Ogtaï Khan que j'ai rapportées, font foi que les Tartares & les Turcs qui font les mesmes que les Scythes, conservent encore aujourd'hui le mesme genie & à peu près les mesmes coustumes que celles dont Quinte Curce & d'autres Auteurs anciens ont fait mention. Mais, c'est ce qui arrive à toutes les Nations qui ne changent pas le principal caractere, suivant lequel elles pensent & elles agissent.

J'attribuë aussi aux mesmes Orientaux les Maximes qui font la seconde Partie;

AVERTISSEMENT.

parce qu'elles ne font pas feulement tirées des Livres Arabes ; mais encore, des Ouvrages des Perfans & des Turcs, dont les Auteurs ont fuivi chacun le genie de leur Nation.

Valere Maxime, comme il le dit, ne s'eftoit pas propofé de ramaffer toutes les paroles remarquables des Romains & des autres Nations, parce que c'eftoit une entreprife d'une trop vafte eftenduë. Pour la mefme raifon, je n'ai pas eu auffi en veuë de recueillir toutes les paroles remarquables, ni tous les bons mots des Orientaux.

AVERTISSEMENT.

Neanmoins, si le Recueil que j'en donne présentement a le bonheur de plaire, suivant l'intention que j'ai de contribuer quelque chose à la curiosité du public, je travaillerai avec plaisir à en donner un second Volume, & pour cela je consulterai d'autres Originaux que ceux que j'ai consultés pour recueillir celui-ci.

J'ai puisé des mesmes Originaux ou des connoissances que j'ai acquises dans mes voïages au Levant, les Remarques que j'ai ajoûtées & que j'ai crû necessaires pour l'intelligence entiere des paroles re-

AVERTISSEMENT.

marquables & des bons Mots qui m'ont paru en avoir besoin. Ainsi, elles ne contiennent rien que je n'aïe lû dans les Livres Arabes, Persans & Turcs, ou que je n'aïe vû & connu par moi-mesme. Je les ai aussi emploïées à marquer le temps auquel vivoient les Califes, les Sultans, les Princes & les autres personnes dont il y est fait mention, & je l'ai fixé précisément en réduisant les années de l'Hegire aux années de la naissance de Jesus-Christ.

J'ai extrait tout cet Ouvrage en partie de Livres imprimés & en partie de Manuscrits. Les Livres imprimés sont, l'Histoire des Califes par l Elmacin, l'Histoire des Dynasties par Abou-lfarage, l'une & l'autre en Arabe, & le Gulistan Ouvrage de Sadi en Persan.

Les Manuscrits sont, le Baharistan de Giami en Persan composé sur le modele du Gulistan. L'Instruction d'un Roi du Mazanderan pour son fils aussi en Persan. Je parle amplement de cet Ouvrage & de son Auteur dans les Remarques. L'Abregé de l'Histoire Mahometane en Persan sous le titre d'Histoire choisie dont il y a une Ver-

AVERTISSEMENT.

sion en Turc que j'ai consultée. Un autre Abregé de la mesme Histoire aussi en Persan par Ommia Iahia de Cazbin. L'Histoire de Ginghiz Khan en Persan par Mirkhond faisant partie de son Histoire generale comprise en six Volumes in folio. L'Histoire en Persan de Schahroch fils de Tamerlan & de ses successeurs par Abd-urrizzac Efendi. L'Histoire Universelle de Mehemmed Lari ou de la Ville de Lar dans la Perse écrite en Persan, dont il y a une traduction en Turc qui se trouve à la Bibliotheque du Roi. L'Histoire Ottomane

AVERTISSEMENT.

depuis Sultan Osman jusques à Sultan Selim Premier inclusivement, par Cogia Efendi autrement nommé Saad-eddin, fils d'un favori du mesme Sultan Selim. L'Histoire des Poëtes Turcs par Letifi qui vivoit du temps de Sultan Soliman. Deux Recueils de bons Mots en Turc dont j'ai choisi ceux qui meritoient d'estre publié. J'ai negligé les autres, parce qu'ils estoient trop vulgaires ou trop libres & indignes de la curiosité des honnestes gens.

Les Maximes sont recueillies de celles qu'Erpenius & Golius ont fait imprimer confusément & sans distinction avec

AVERTISSEMENT.

avec les Proverbes Arabes, de deux Recueils Manuscrits, l'un que j'ai apporté de Constantinople, & l'autre qui se trouve dans la Bibliotheque de feu M. Thevenot, des Tables Indiennes de Bidpaï tant en Persan qu'en Turc, & de quelques autres Livres de Morale Arabes, Persans & Turcs tant en Vers qu'en Prose. Ceux qui auroient pû souhaiter que les Maximes fussent disposées par ordre des matieres pourront se satisfaire en consultant la Table qu'ils trouveront à la fin du Livre.

 Je pourrois m'estendre sur les qualités de l'esprit des

AVERTISSEMENT.

Orientaux. Mais, ce seroit peut-estre diminuer le plaisir du Lecteur que de lui exposer par avance ce qu'il aimera mieux sentir par lui-mesme. C'est pourquoi, je lui laisse ce plaisir tout entier, afin qu'il juge par le témoignage mesme des Orientaux, plustost que par ce que j'en pourrois dire, s'ils ont raison de croire qu'ils ne sont pas moins partagés d'esprit & de bon sens que les autres Nations qui nous sont plus connuës à cause de leur voisinage.

LES PAROLES
REMARQUABLES
ET
LES BONS MOTS
DES ORIENTAUX.

UN Mahometan consultoit Aïscheh une des femmes de Mahomet, & lui demandoit conseil sur la conduite de sa vie. Aïscheh lui dit : Reconnoissés un Dieu, retenés vostre langue, reprimés vostre colere, faites acquisition de la science, demeurés ferme dans vostre Religion, abstenés-vous de faire le mal, frequentés les bons, couvrés les défauts de voſtre prochain, ſoulagés les pauvres de vos aumônes, & attendés l'éternité pour récompenſe.

REMARQUE. Suivant les Hiſtoires des Mahometans, Mahomet a eu quatorze femmes. Aïſcheh qui fut de ce nombre eſtoit fille d'Aboubekir qui fut le premier ſucceſſeur de Mahomet. Elle veſquit neuf ans avec lui, & ne mourut que long-temps après ſous le regne du Calife Maavia agée de 65. ans.

Hormouzan Gouverneur de la ville de Schouſchter capitale du Khouziſtan pour le Roi de Perſe, combattit ſoixante & dix fois contre les Arabes dans le temps de la conqueſte qu'ils firent du Roïaume de Perſe; mais enfin les Arabes le firent priſonnier & le conduiſirent à Omar ſecond ſucceſſeur de Mahomet, qui commanda qu'on le fiſt mourir. Avant l'execution de cet arreſt Hormouzan demanda à boire; mais la fraïeur de la mort l'avoit tellement saisi qu'il n'eut pas la force de boire l'eau qu'on lui apporta. Omar lui dit de reprendre ses esprits, & qu'il n'avoit rien à craindre qu'il n'eust bu. Mais, voyant qu'il ne beuvoit pas, il ordonna qu'on lui coupast la teste. Hormouzan s'écria : Quoi ! vous m'avés donné ma grace & vous ne tenés pas vostre parole ? Omar étonné demanda comment il l'entendoit ? Hormouzan répondit : Vous m'avés dit que je n'avois rien à craindre que je n'eusse bu, je n'ai pas bu. Ceux qui étoient presens dirent qu'Hormouzan avoit raison, & Omar lui donna la vie.

REMARQUES. On a remarqué avant moi que Schouschter est l'ancienne Suse où les Rois de Perse alloient passer l'hiver, parce qu'elle est dans un climat fort chaud, comme tout le Khouzistan, qui est encore aujourd'huy une des Provinces du Roïaume de Perse, bornée au couchant par le Golphe Persique.

Hormouzan oublia la grace qu'Omar lui avoit faite, & fut un de ses assassins.

Taher Fondateur de la puissance des Taheriens dans le Khorassan avoit tué le Calife Emin, & par cet assassinat il avoit esté cause que Mamoun frere d'Emin avoit esté élevé à la même dignité de Calife. Mais, Mamoun qui ne se fioit pas à Taher nonobstant l'obligation qu'il lui avoit l'envoïa au Khorassan en qualité de Gouverneur pour l'éloigner de sa Cour. Pendant qu'il étoit dans ce Gouvernement Mamoun declara pour estre Calife après lui Ali Riza le huitiéme des douze Imams successeurs d'Ali, & l'envoïa au Khorassan, où Taher fit la ceremonie de le mettre sur le Thrône dans la ville de Merou, & en lui prestant serment, il lui dit: Ma main droite a élevé Mamoun & ma main gauche vous rend le même office. Ali Riza repartit: La main gauche qui éleve un Imam sur le Thrône, peut s'appeller la main droite.

REMARQUES. Cette action de Taher & l'assassinat du Calife Emin firent dire de lui qu'il estoit à deux mains. Il mourut l'an de l'Hegire 210. c'est à dire l'an de J. C. 825. après avoir pris le titre de Roi quelque temps avant sa mort.

Le mot d'Ali Riza est fondé sur ce qu'étant de la race d'Ali & par consequent de la race de Mahomet à cause de Fatime fille de Mahomet qu'Ali avoit épousée, il croïoit estre plus digne successeur du Califat que Mamoun & que les predecesseurs de Mamoun, que lui & tous ceux qui étoient dans les interests de la race d'Ali regardoient comme des usurpateurs. Son autorité en qualité de Calife fut reconnuë, & l'on frappa monnoïe à son nom. Mais cette autorité ou cette puissance égale à la puissance de Mamoun ne dura qu'environ deux ans; car Mamoun se repentit de la lui avoir donnée, & le fit empoisonner à Tous dans le Khorassan où il mourut. Après sa mort son corps fut porté & enterré dans un lieu du territoire de la même ville qu'on appelloit Senabad, où on lui dressa un tombeau. Depuis, la devotion y a attiré un si grand nombre de Mahometans qu'il s'y est formé une ville qui porte le nom de Meschhed, & le mot de Meschhed signifie un tombeau, mais un tombeau d'une personne morte d'une mort violente, ou plûtoſt d'un Martyr; parce que les Mahometans regardent Ali Riza comme un Martyr: car chez eux, ceux qui meurent de mort violente par ordre du Prince ou à la guerre ſont appellez & crûs Martyrs. La devotion pour le Tombeau d'Ali Riza continuë toûjours, & les Mahometans y vont encore aujourd'hui en pelerinage, particulierement ceux du Khoraſſan & des Provinces voiſines.

Le Khoraſſan dont il ſera encore parlé dans cet ouvrage eſt une grande Province ou plûtoſt un Roïaume conſiderable en deçà de l'Oxus qui comprend l'Ariane, la Bactriane & les Paropamiſades des Anciens. Les Uzbecs ſont aujourd'hui les maîtres de ce Roïaume, de même que du Maverannahar, c'eſt à dire de la Tranſoxiane ou de la Sogdiane dont Samarcande qui eſtoit la Maracande dont il eſt fait mention dans Q. Curce, eſt la capitale.

Iacoub fils de Leits qui s'eſtoit fait reconnoître Souverain après s'eſtre emparé de la ville de Siſtan & de l'Eſtat de même nom, entra dans le Khoraſſan pour le ſubjuguer, & alla attaquer Mehemmed fils de Taher le cinquiéme des Taheriens, dans la ville de Niſabor dont il avoit fait la capitale de son Roïaume. Mehemmed aïant appris qu'il approchoit, envoïa lui témoigner qu'il étoit prest de se soûmettre s'il avoit des Lettres avec le Sceau du Calife ; mais, qu'il s'étonnoit de sa venuë s'il n'avoit pas d'ordre. Iacoub qui ne reconnoissoit pas l'autorité du Calife tira son sabre du fourreau & dit : Voici l'ordre que je porte ; & entra dans Nisabor où il fit Mehemmed prisonnier avec cent soixante personnes de sa famille, & les envoïa tous à la ville de Sistan sous bonne escorte.

REMARQUE. Leits pere d'Iacoub de qui il est ici parlé, s'appelloit Leits Saffar, c'est à dire, le Marchand de cuivre à cause de sa profession, & de ce nom de Saffar, Iacoub fut appellé Saffarien de même que son frere Amrou & Mehemmed fils de Taher qui regnerent après lui. Iacoub dès sa jeunesse eut une passion si forte pour les armes, que son peré qui fit tout ce qu'il pouvoit pour l'engager dans sa profession, fut contraint de l'abandonner à sa conduite ; & alors, comme il se vit libre de ses actions, il se fit voleur de grands chemins ; mais il avoit la moderation de laisser toûjours quelque chose à ceux qu'il voloit. Un jour il enfonça le Thresor de Dirhem Gouverneur du Sistan pour le Calife & y entra. Dans l'obscurité, il mit d'abord la main sur quelque chose qui avoit un peu d'éclat, croïant que c'estoient des pierreries, & porta ce qu'il prit à la bouche ; mais il trouva que c'étoit du sel. En même temps sans toucher à autre chose, il sortit du Thresor par l'ouverture qu'il avoit faite & se retira. Le lendemain, le Gouverneur aïant su ce qui s'étoit passé & que rien n'avoit esté enlevé du Thresor, fit publier qu'il pardonnoit au voleur, qu'il pouvoit se declarer en toute sureté, & que non seulement il ne le maltraiteroit pas ; mais encore, qu'il feroit ce qu'il pourroit pour l'obliger. Sur la parole du Gouverneur, Iacoub parut & se presenta à lui. Le Gouverneur lui demanda quelle raison il avoit euë pour ne rien emporter du Thresor. Iacoub lui raconta la chose comme elle s'estoit passée & ajoûta : J'ai cru que j'estois devenu vostre ami en mangeant de vôtre sel, & que par les loix de cette amitié il ne m'estoit pas permis de toucher à rien de ce qui vous appartenoit. Dirhem lui donna de l'emploi dont il s'acquita avec tant de conduite & de valeur qu'à la fin par dégrés il le fit General de son armée. Mais, après la mort de Dirhem, Iacoub se prévalant de l'autorité qu'il avoit en main, chassa les Fils de Dirhem & s'empara du Sistan, & après le Sistan, du Khorassan, de la Perse, & de plusieurs autres Etats dont il en forma un d'une grande étenduë & très-puissant. Il mourut l'an 262. de l'Hegire, de J. C. l'an 875.

Amrou Leits succeda à son frere Iacoub & augmenta considerablement le Roïaume qu'il lui avoit laissé ; & pour s'aggrandir encore davantage, il conçut le dessein de détruire le Calife & lui declara la guerre. Mais, le Calife lui opposa Ismaïl premier Roi de la race des Samaniens, & Ismaïl le fit prisonnier & l'envoïa au Calife. Amrou estoit un Prince très-magnifique & très-splendide, & il ne falloit pas moins de trois cent chameaux pour porter seulement l'attirail de sa cuisine lorsqu'il estoit en campagne. Le jour qu'il fut vaincu & arresté prisonnier par Ismaïl, il vit près de lui le Chef de sa cuisine qui ne l'avoit pas abandonné, & lui demanda s'il n'avoit rien à lui donner pour manger. Le Cuisinier qui avoit un peu de viande la mit aussi-tôt sur le feu dans une marmite, & alla chercher quelqu'autre chose pour régaler son Maître dans sa disgrace le mieux qu'il lui seroit possible. Cependant, un Chien qui vint là par hazard mit la tête dans la marmite pour prendre la viande ; mais, il ne put le faire aussi promptement qu'il falloit à cause de l'ardeur du feu qui le contraignit d'abandonner son entreprise. En relevant la teste, l'anse de la marmite lui tomba sur le cou, & il fit ce qu'il put pour se dégager ; mais ne pouvant en venir à bout, il prit la fuite & emporta la marmite. A ce spectacle, Amrou ne put s'empêcher de faire un grand éclat de rire nonobstant sa disgrace, & un des Officiers qui le gardoient, surpris de ce qu'un Roi prisonnier pouvoit rire, lui en demanda le sujet. Il répondit : Ce matin trois cent chameaux ne suffisoient pas pour le transport de ma cuisine, & cet aprèsdisné vous voiés qu'un chien n'a pas de peine à l'emporter.

REMARQUE. Le Calife de qui il est parlé ci-dessus estoit Mutadad qui retint Amrou prisonnier pendant deux ans. Mais à la mort de ce Calife Amrou fut negligé & mourut de faim dans sa prison. Mutadad mourut l'an de l'Hegire 289. de J. C. l'an 901.

Un Esclave d'Amrou Leits prit la fuite ; mais des gens envoiez après lui le ramenerent, & le grand Vizir de ce Roi qui lui vouloit du mal, sollicita Amrou avec chaleur de le faire mourir, lui inspirant que ce seroit un exemple pour les autres, & que cela leur aprendroit à ne pas fuïr. A ces paroles, l'Esclave se prosterna le visage contre terre devant Amrou & lui dit : Tout ce qu'il plaira à vostre Majesté d'ordonner de ma destinée sera bien ordonné, uń Esclave n'a rien à repliquer contre le Jugement de son Seigneur & Maître : mais parce que j'ai esté élevé & nourri dans votre Palais, par reconnoissance je ne voudrois pas que vous eussiés à répondre au jour du Jugement d'avoir fait verser mon sang. Si elle veut me faire mourir, qu'elle le fasse au moins avec quelque prétexte de justice. Amrou lui demanda avec quel prétexte il pourroit le faire? L'Esclave répondit : Permettés-moi de tuer le Vizir, & faites-moi perdre la vie pour vanger sa mort vous le ferés avec raison. Amrou rit de la plaisanterie de l'Esclave & demanda au Vizir ce qu'il en pensoit : Le Vizir répondit : Je supplie V. M. de pardonner à ce malheureux, il pourroit me jetter moi-même dans quelque malheur. Je me suis attiré cela par ma faute, parce que je n'ai pas confideré que quand on veut tuer quelqu'un, on n'eft pas moins expofé à eftre tué que celui que l'on veut tuer.

Dans un des premiers fiecles de la Religion de Mahomet, un Mahometan difoit qu'il étoit Dieu. On lui dit : Il y a un an que l'on fit mourir un tel qui fe difoit Prophete, ne craignés-vous pas qu'on vous faffe le même traitement ? Il répondit : On a bien fait de le faire mourir, parce que je ne l'avois pas envoïé.

REMARQUE. Touchant ce faux Prophete puni de mort, il eft à remarquer que les Mahometans tiennent que Mahomet eft le dernier des Prophetes, que Dieu ne doit pas en envoïer d'autres, & qu'ainfi ils font perfuadez qu'ils peuvent faire mourir ceux qui fe donnent cette qualité, parce qu'ils les regardent comme des perturbateurs du repos public.

Un Calender n'obfervoit pas le

jeûne du Ramazan & se donnoit encore avec cela la licence de boire du vin. On lui dit: Puis que vous ne jeûnés pas, au moins vous ne devriés pas boire de vin. Il répondit: J'ai renoncé à la pratique d'un précepte, voulés-vous que j'abandonne encore la pratique de cette tradition?

REMARQUES. Les Calenders chez les Mahometans sont des gens qui abandonnent pere, mere, femme, enfans, parens & toutes choses, qui courent par le monde, & qui vivent de ce qu'on leur donne ; mais cela ne les rend pas meilleurs observateurs de leur Religion, comme on le voit par l'exemple de celui-ci.

On appelle encore Calender le Chef d'une Nation, d'une Tribu, d'un Peuple, &c. Par exemple, dans l'Histoire de Scharoch, & des autres Fils & descendans de Tamerlan, les Chefs de vingt à trente-mille Turcomans qui avoient passé de la Perse au Khorassan pour s'y établir sont nommés Calenders. Les Armeniens d'Ispahan qui demeurent dans le quartier de Julfa, ont aussi un Chef qui porte le nom de Calender, & en cette qualité c'est lui qui represente les besoins de sa Nation au Roi de Perse ou à ses Ministres, & qui fais executer les intentions de la Cour par sa même Nation.

On presenta un jour au Calife Haroun Erreschid un de ses Sujets qui se disoit Prophete. Le Calife qui ne douta pas que le prétendu Prophete n'eût la cervelle renversée, assembla ses Medecins pour une consultation touchant le remede qu'on pourroit lui faire. Les Medecins convinrent que les méchantes nourritures avoient causé ce bouleversement d'esprit, & dirent au Calife que de bons alimens pourroient lui procurer la guerison. Le Calife ordonna qu'on prist le soin de le bien nourrir pendant quarante jours, & pour cela qu'on le conduisist à la cuisine de son Palais. Les quarante jours expirés le Calife le fit venir, & lui demanda s'il étoit encore Prophete, & si l'Ange Gabriël venoit toûjours lui annoncer les ordres de Dieu ? Le faux Prophete répondit : L'Ange Gabriel me marque que Dieu, parce que je lui suis agreable, m'a fait une grace toute singuliere en me procurant la bonne cuisine où je suis, & me commande de n'en pas sortir.

REMARQUES. Haroun Erreschid fut le cinquième Caife de la race des Abbassides, & mourut l'an de l'Hegire 193. de J C. l'an 808.

Les Mahometans tiennent que Dieu fait faire tous les Messages par l'Ange Gabriel, & c'est de là qu'ils veulent que ce soit lui qui ait dicté l'Alcoran à Mahomet, & qu'ils appellent les rêveries qui y sont contenuës, la parole de Dieu.

Un bon homme de Sivri-Hissar disoit à un de ses voisins qu'il avoit grand mal à un œil & lui demandoit s'il ne savoit pas quelque remede ? Le voisin répondit : J'avois l'an passé un grand mal à une dent, je la fis arracher & j'en fus gueri, je vous conseille de vous servir

servir du même remede.

REMARQUE. Sivri-Hiſſar eſt une petite ville de l'Anatolie dont les Habitans ont la reputation d'être ſimples.

Dans la même ville de Sivri-Hiſſar un homme enfermoit tous les jours ſa hache à la clef dans un coffre. Un jour ſa femme lui en demandant la raiſon, il répondit : Je crains que le chat ne la mange. La femme repartit : Vous vous mocquez, les chats ne mangent point de haches. Le mari repliqua : Le bourreau ! il nous a mangé un foïe qui nous coûtoit un aſpre & demi, pourquoi voulés-vous qu'il ne mange pas une hache qui en coûte vingt ?

REMARQUE. Un Aſpre eſt une petite monnoïe d'argent de la valeur d'environ deux liards, qui a cours dans l'Empire Ottoman que les Turcs appellent Akgeh, c'eſt à dire un blanc, & les Grecs ont traduit ce mot dans leur langue par celui d'ἄσπρον qui ſignifie auſſi un blanc. De là, nos Marchans François qui

B

sont à Constantinople & en d'autres Echelles du Levant, & même nos Voïageurs, ont fait celui d'aspre, que l'usage semble avoir autorisé plûtost que nostre mot de blanc, qui cependant en seroit la veritable interpretation.

Une Mahometane d'une grande laideur, demandoit à son mari : A qui de vos parens voulez-vous que je me fasse voir ? Le mari répondit : Ma femme, faites-vous voir à qui vous voudrés, j'en serai content, pourvû que je puisse ne vous pas voir.

REMARQUE. Puisque cette femme estoit si laide on pourroit demander pourquoi le mari l'avoit épousée ? mais, il est aisé de répondre que parmi les Mahometans de même que parmi nous, on prent des femmes par interest de famille, & parce que le pere & la mere le veulent. De plus, c'est aussi parce qu'on les prent presque toûjours sans les avoir veuës auparavant le visage découvert, & quand on les a épousées elles ne peuvent se découvrir le visage devant personne qu'avec la permission du mari ; parce que c'est un peché à une femme Mahometane de se faire voir à un autre Mahometan qu'à son mari. Mais j'ai lu dans un de leurs Livres que ce n'est pas un peché pour elles de se faire voir à d'autres qu'à des Mahometans. En raisonnant suivant leurs principes en voici la raison si je ne me trompe. C'est qu'ils croïent que leurs femmes en se faisant voir à des Chrétiens, par exemple, ou à des Juifs, ne seront pas faciles à se laisser corrompre, premierement à cause de l'aversion contre les uns & contre les autres dans laquelle ils ont soin de les élever, & en second lieu à cause du rude châtiment de lapidation ou de submersion auquel elles sont condamnées lorsqu'elles sont convaincuës de ce crime. Ils regardent aussi le grand bien qui peut en revenir à leur Religion, en ce que les Chrestiens ou les Juifs retenus d'entreprendre de corrompre des Mahometanes de la crainte du feu, peuvent par ce moïen en devenir amoureux & abandonner leur Religion pour en épouser quelqu'une. Il est certain qu'ils ont cette veuë & qu'elle ne leur a réüssi & ne leur réussit encore que trop.

Un Cadis interrogeoit en presence d'un Sultan, un Mahometan qui se disoit Prophete, & le sommoit de prouver sa Mission par un Miracle. Le Propheté prétendu dit que sa Mission estoit évidente en ce qu'il ressuscitoit les morts. Le Cadis aïant repliqué que c'estoit ce qu'il falloit voir & qu'il ne suffisoit pas de le dire, il dit au Cadis : Si vous ne me croïés pas, faites-moi donner un sabre que je vous coupe la teste, & je m'engage de vous resusciter. Le Sultan demanda au Cadis ce qu'il avoit à dire là-dessus ? Il répondit : Il n'est plus besoin de miracle, je l'en tiens quitte, & je croi qu'il est Prophete.

REMARQUE. Sur ce principe que les Prophetes doivent prouver leur Million par un miracle, les Mahometans qui croïent que Mahomet est le dernier des Prophetes & que Dieu s'est fait une loi de n'en plus envoïer après lui, tiennent pour constant qu'il a partagé la Lune en deux du bout de son doigt; & sur ce faux miracle, ils ont l'aveuglement de le tenir pour Prophete & d'ajoûter foi à tout ce qu'il leur enseigne dans l'Alcoran.

Dans la ville de Samarcande, un Savant prit place dans une assemblée au dessus d'un Mahometan qui savoit l'Alçoran par cœur. Celui-ci offensé de la hardiesse du Savant, demanda à la Compagnie : D'un Alcoran & d'un autre Livre, si c'étoit le Livre ou l'Alcoran qu'on mettoit dessus ? Le Savant qui comprit son intention répondit ; C'est l'Alcoran qu'on met dessus, mais non pas l'étui de l'Alcoran.

REMARQUES. Les Mahometans ont des gens qui font profession de savoir l'Alcoran par cœur ; mais le plus souvent ils ne savent autre chose. On les appelle du nom d'Hafiz formé d'un verbe Arabe qui signifie conserver dans la memoire. Mais, parce qu'ils ne sont recommandables que par un effort de memoire, les autres Mahometans qui font profession de savoir quelque chose n'ont pas pour eux le respect qu'ils prétendent, quoi que d'ailleurs ils aient de la veneration pour l'Alcoran.

Comme l'Alcoran est d'un grand usage on le met ordinairement dans un étui de drap pour le conserver ; & ce drap est presque toûjours verd. On le met aussi dans des étuis de cuir ou de carton. On fait de même des étuis de cuir ou de carton pour d'autres livres, particulierement lors que la relieure n'est pas commune, & qu'on veut la conserver.

Un Chrestien se fit Mussulman.

Six mois après, ses voisins qui l'avoient observé, & qui avoient remarqué qu'il se dispensoit de faire par jour les cinq prieres ausquelles il estoit obligé comme tous les autres Mahometans, ils le menerent au Cadis afin qu'il en fist le châtiment, & le Cadis lui demanda la raison de sa conduite. Il répondit : Seigneur, lors que je me fis Musulman ne me dîtes-vous pas en propres termes que j'estois pur & net comme si je venois de sortir du ventre de ma mere ? Le Cadis en étant tombé d'accord, il ajoûta : Si cela est, puisqu'il n'y a que six mois que je suis Musulman, je vous demande si vous obligés les enfans de six mois de faire la priere ?

REMARQUE. Ceci fait voir que chés les Mahometans, les causes qui regardent la Religion sont jugées par les Cadis de même que les causes civiles.

Un autre Mahometan qui ne faisoit pas la Priere fut mené de même en Justice. Sur la demande que le Cadis lui fit de la cause de cette negligence, il répondit: Seigneur, j'ai une femme & des enfans à nourrir, je suis pauvre, & je ne puis gagner dequoi nous nourrir ma famille & moi que par un travail qui ne demande pas de relâche, c'est ce qui m'empeche de faire la Priere. Le Cadis lui dit: On vous donnera deux aspres par jour, faites la priere comme les autres. Quelque temps après on amena le même au Cadis, & on lui exposa qu'à la verité il faisoit la priere, mais qu'il ne se lavoit pas auparavant. Le Cadis lui en fit une grande reprimande, & lui demanda pourquoi il ne se lavoit pas ? Il répondit: Seigneur, si vous voulés que je me lave avant que de faire la priere faites-moi donner quatre aspres au lieu de deux. C'est pour perdre moins de temps que je ne me lave pas.

REMARQUE. Quoique chacune des Prieres que les Mahometans sont obligés de faire chaque jour soit courte ; neanmoins, en y comprenant le temps qu'il faut qu'ils employent à se laver, ce qu'ils font avec circonspection & avec mesure, ils ne peuvent pas y en mettre moins qu'une demie heure : Les cinq temps prescrits pour cela sont à la pointe du jour, à midi, à deux heures & demie avant le coucher du soleil, au coucher du soleil, & à une heure & demie après le coucher du soleil. Ainsi dans tous les païs où l'on fait profession du Mahometisme on se leve generalement de grand matin en quelque temps que ce soit ; car il n'y a point d'exception, Princes, Seigneurs, nobles & roturiers, tout le monde y est obligé quand on est en âge de la faire.

Un Calender qui avoit une grande faim presenta son bras à un Medecin afin qu'il lui tastast le poulx & lui dit qu'il estoit malade. Le Medecin qui connut que le Calender n'avoit pas d'autre maladie

maladie que la faim, le mena chez lui & lui fit apporter un grand plat de Pilau. Quand le Calender eut achevé de manger, il dit au Medecin : Monsieur le Docteur, vingt autres Calenders ont la même maladie que moi dans nostre Couvent.

REMARQUE. Le Pilau est du ris cuit & preparé avec du beurre ou avec de la graisse ou de bon jus de viande. Mais, par cette maniere de préparer le ris, les grains sont dans leur entier & non pas écachés comme quand nous en preparons avec du lait ou en potage.

On loüoit dans une assemblée un Savant qui paroissoit avoir l'esprit un peu égaré, & qui marchoit toûjours la teste levée, & entre autre sciences, on disoit qu'il estoit bon Astronome. Bassiri qui estoit de la conversation, dit : Je ne m'en étonne pas, il regarde toûjours aux astres.

REMARQUE. Bassiri estoit un Poëte Turc

des confins de la Perse, qui vint à la Cour de Constantinople sous le regne de Sultan Bajazid fils & successeur de Sultan Mehemmed Second, où il se fit distinguer par ses Poësies en langue Turque & en langue Persane. Letifi qui parle de lui dans son ouvrage touchant les Poëtes Turcs, remarque qu'il estoit agréable dans la conversation & qu'il avoit toûjours le mot pour rire. Bassiri est un mot tiré de l'Arabe, & signifie le voyant, l'intelligent. Peut-estre que l'occasion se presentera ailleurs de parler des noms des Poëtes Orientaux.

Un Calife avare recevoit les Poësies faites à sa loüange qu'on lui presentoit ; mais pour récompense, il ne donnoit d'argent qu'autant que le livre ou l'écrit pesoit. Un Poëte qui savoit sa coûtume, s'avisa de faire graver sur un gros marbre une piece de Poësie qu'il avoit faite pour lui, & lorsque la gravure fut achevée il fit charger le marbre sur un chameau & le fit porter jusques à la porte du Palais du Calife, avec ordre d'attendre. Cependant, il alla faire sa cour, & en parlant de son travail au Calife, il lui demanda s'il auroit pour agréable qu'il fist apporter le marbre. Le Calife répondit : Non, ne le faites pas apporter, mais composons.

REMARQUES. La composition fut de cinq mille aspres, c'est-à-dire, de cent vingt-cinq livres que le Calife fit compter à l'Auteur ; mais ce n'estoit pas une récompense ni pour sa peine ni pour la gravure. C'est pourquoi il y a apparence que c'estoient des drachmes, monnoïe d'argent au coin des Califes, & qu'ainsi la somme fut un peu plus considerable.

Cette piece de Poësie estoit une de celles que les Orientaux appellent Caçideh, dont la plus courte est au moins de cinquante distiques, & la plus longue de cent plus ou moins. Les deux premiers Vers riment ensemble & les autres seulement alternativement ; tous sur une même rime ; de sorte que les plus longues sont celles qui sont sur une lettre ou sur une terminaison qui fournit plus de rimes qu'une autre. Elle est principalement consacrée à la loüange des Princes & des grands hommes.

Schahroch fils de Timour,

c'est-à-dire de Tamerlan, estoit un Prince naturellement avare & d'un grand ménage. Un vendeur de pots de terre se présenta à lui & lui demanda, s'il ne tenoit pas pour veritable la doctrine de la religion Mahometane, qui enseigne que tous les Mussulmans sont freres ? Schahroch répondit qu'il la tenoit pour veritable. Le vendeur de pots repartit : Puisque nous sommes tous freres, n'est-ce pas une injustice que vous aïés un si grand thresor & que je sois dans le besoin d'une pauvre maille. Donnés-moi au moins la portion qui me touche en qualité de frere. Schahroch lui fit donner une piece de monnoïe d'argent de la valeur d'environ trois sols; mais il n'en fut pas content, & il dit : Quoi ! d'un si grand thresor il ne m'en revient que cette petite portion ? Schahroch le renvoïa, & lui dit : Retire-toi & ne dis mot à personne de ce que je t'ai donné. Ta portion ne seroit pas si considerable, si tous nos autres freres le savoient.

REMARQUE. C'est un Ecrivain Turc qui taxe ici Schahroch d'avarice & de ménage. Neanmoins, c'estoit un grand & puissant Monarque, comme on pourra le connoistre par son histoire que j'ai traduite du Persan en nostre langue. Ce qui peut faire croire qu'il est quelque chose du vice qu'on lui reproche, est, qu'il paroist que les gens de lettres s'attachoient plustost aux Princes ses fils & petits fils qu'à lui. Mais pour l'excuser de ce défaut, on peut dire qu'il paroissoit l'avoir, parce qu'il se donnoit tout entier au soin du gouvernement de ses Estats, qui s'estendoient depuis la Perse jusques à la Chine, & qu'il ne se donnoit pas l'application qu'il falloit pour connoistre dans le détail ceux qui meritoient d'estre récompensés.

Avant que de manger, un Mahometan avare disoit toûjours deux fois, *Bismi-llah*, c'est-à-dire, *au nom de Dieu*. Sa femme lui en demanda un jour la raison. Il dit : La premiere fois, c'est pour chasser le Demon, & la seconde, pour chasser les écornifleurs.

REMARQUE. Les Mahometans ne prononcent pas, *Bismi-llah*, seulement avant que de manger ; mais encore en commençant de marcher, de travailler & de faire quelque ouvrage que ce soit.

Dans une assemblée en présence de Sultan Mehemmed second Empereur de Constantinople, quelqu'un avança que Mirza Khan avoit promis mille pieces de monnoie d'or à celui qui lui feroit voir une seule faute dans les ouvrages des Poëtes de sa Cour. Sultan Mehemmed dit : J'épuiserois mes trésors si je voulois imiter Mirza Khan.

REMARQUES. Sultan Mehemmed est celui qui prit Constantinople. Quoiqu'il eust si peu bonne opinion des Poëtes de sa Cour; neanmoins il y avoit déja de bons Poëtes Turcs de son temps, comme Letifi l'a remarqué.

Le mot de Mirza dans la Perse & dans les Indes signifie le fils ou le parent d'un Souverain, & il se dit par abbreviation au lieu d'Emir Zadeh, qui signifie en Persan né d'un

Emir. Je croi qu'il y a faute dans le nom du Prince de qui il est ici parlé, & que c'estoit un Prince de la famille de Tamerlan, qui portoit encore un autre nom avec celui de de Mirza & de Khan. Le mot de Khan chez les Tartares signifie un grand Monarque. Les Empereurs Turcs qui prennent leur origine du Turquestan qui fait partie de la grande Tartarie, le prennent avec le nom de Sultan. Ainsi on dit & on écrit chez les Turcs: Sultan Mehemmed Khan, Sultan Ahmed Khan, Sultan Murad Khan, &c.

Un Imam avoit sa maison fort éloignée de la Mosquée dont il estoit Imam. Les Mahometans qui en dépendoient lui dirent un jour : Vostre maison est trop éloignée, & vous ne pouvés vous rendre chaque soir à la Mosquée pour faire la Priere à une heure & demie de nuit. C'est pourquoi nous vous en exemptons : Nous la ferons entre nous, sans qu'il soit necessaire que vous preniés la peine de venir. L'Imam répondit : Mussulmans, Dieu vous fasse misericorde, vous m'exemptés de cette Priere, & moi je vous exempte de la Priere du matin.

REMARQVES. Le mot d'Imam est Arabe, & signifie proprement la même chose que le mot ‚tin, *Antistes*, c'est-à-dire, celui qui est à la teste des autres; & en cette signification chez les Mahometans, c'est celui qui fait la Priere publique, non seulement dans la Mosquée, mais encore en quelque endroit que ce soit, & ceux qui sont derriere lui, font en même temps les mêmes genuflexions, les mêmes prosternations contre terre, & tous les gestes qu'ils lui voïent faire.

Les Turcs appellent en leur langue, *Iatsinamaz*, cette Priere qui se fait à une heure & demie de nuit, c'est-à-dire, Priere du coucher, Priere qui se fait avant que de se coucher.

Un Mahometan qui faisoit peur à voir tant il estoit laid, trouva un miroir en son chemin, & l'aïant ramassé il s'y regarda; mais, comme il se vit si difforme, il le jetta de dépit, & dit: On ne t'auroit pas jetté, si tu estois quelque chose de bon.

Un Calife estoit à table & on

venoit de lui servir un agneau rosti, lors qu'un Arabe du desert se présenta. Le Calife lui dit d'approcher & de prendre place à sa table. L'Arabe obéit & se mit à manger avec avidité, & morceaux sur morceaux. Le Calife à qui cette maniere déplut, lui dit : Qui estes-vous donc qui dépecés ce pauvre agneau avec tant de furie ? Il semble que sa mere vous ait donné quelque coup de cornes. Il répondit : Ce n'est pas cela ; mais, vous avés autant de dépit de voir que j'en mange que si sa mere avoit esté vostre nourrisse.

REMARQUE. Les Arabes du desert ne sont pas si polis que les Arabes qui demeurent dans les villes, mais ils ne laissent pas d'avoir de l'esprit & du bon sens, & de vivre entre eux avec plus de bonne foi que ne vivent les autres Arabes.

On prioit Behloul de compter les fous de la ville de Basra d'où il estoit, il répondit : Vous me demandés une chose qui n'est pas possible, passe, si vous me parliés des Savans, ils ne sont pas en si grand nombre.

REMARQUES. Basra est suivant nos Geographes la ville de Balsora sur le Golfe Persique

Behloul estoit un Savant de la Cour du Calife Haroun-errefchid, qui avoit l'esprit agréable. Le mot de Behloul en Arabe signifie un mocqueur, un railleur, & particulierement un homme qui a l'esprit gai, d'où vient le Proverbe Arabe : Qui a l'esprit gai, danse sans tambour de basque ; ou le mot de Behloul est emploïé en cette signification. Ce Behloul apparemment avoit un autre nom, & celui-ci estoit un sobriquet qui lui est demeuré.

Behloul arrivant pour faire sa cour au Calife, le grand Vizir lui dit : Behloul, bonne nouvelle, le Calife te fait l'Intendant des singes & des pourceaux de ses Estats. Behloul repartit au Vizir : Préparés-vous donc à faire ce que je vous commanderai;

car, vous estes un de mes sujets.

Un Savant écrivoit à un ami, & un importun estoit à costé de lui qui regardoit par dessus l'épaule ce qu'il écrivoit. Le Savant qui s'en apperçut, interrompit le fil de sa lettre & écrivit ceci à la place : Si un impertinent qui est à mon costé ne regardoit pas ce que j'écris, je vous écrirois encore plusieurs choses qui ne doivent estre süës que de vous & de moi. L'importun qui lisoit toûjours prit la parole, & dit : Je vous jure que je n'ai regardé ni lû ce que vous écrivés. Le Savant repartit : Ignorant que vous estes, pourquoi donc me dites-vous ce que vous dites ?

Un Tisseran qui avoit donné un dépost en garde à un maître d'école, vint le redemander, & trouva le maistre d'école à sa porte, assis & appuïé contre un coussin faisant la leçon à ses Ecoliers qui estoient assis autour de lui. Il dit au maistre d'Ecole : J'ai besoin du dépost que vous savés, je vous prie de me le rendre. Le maistre d'Ecole lui dit de s'asseoir & d'avoir la patience d'attendre qu'il eust achevé de faire la leçon. Mais le Tisseran avoit haste & la leçon duroit trop long-temps. Comme il vit que le maistre d'école remuoit la teste par une coûtume qui lui estoit ordinaire en faisant la leçon à ses Ecoliers, il crut que faire la leçon n'estoit autre chose que de remuer la teste, & il lui dit : De grace, levés-vous, & laissés-moi à vostre place, je remuerai la teste pendant que vous irés prendre ce que je vous demande, parce que je n'ai pas le temps d'attendre. Cela fit rire le maistre d'école & les Ecoliers.

REMARQUES. Il faut entendre que ce maiftre d'école eftoit affis les jambes croifées ou fur les talons, fur un tapis ou fur une natte fuivant la coûtume du Levant.

Les Mahometans ont cette coûtume dans tout le Levant de branler la tefte en devant & en arriere lors qu'ils lifent;& comme les enfans qui lifoient fous ce maiftre d'école branloient la tefte, le maiftre d'école branloit auffi la fienne, quoi qu'il euft pû s'en abftenir, mais c'eftoit fa coûtume. Les Juifs branlent auffi la tefte dans leurs Synagogues en priant Dieu, mais d'une épaule à l'autre, & non pas en devant & en arriere comme les Mahometans. Les uns & les autres prétendent que cette agitation les rent plus attentifs à leurs Prieres.

Dans une nuit obfcure un aveugle marchoit dans les rues avec une lumiere à la main & une cruche d'eau fur le dos. Un coureur de pavé le rencontra, & lui dit: Simple que vous eftes à quoi vous fert cette lumiere? La nuit & le jour ne font-ils pas la même chofe pour vous? L'aveugle lui répondit en riant: Ce n'eft pas pour moi que je porte cette lumiere, c'eſt pour les teſtes folles qui te reſſemblent, afin qu'ils ne viennent pas heurter contre moi & me faire rompre ma cruche.

Un Savant qui eſtoit d'une laideur extraordinaire s'entretenant dans la ruë avec un ami, une Dame aſſés bien faite qui paſſoit s'arreſta & le regarda fixement pendant quelque temps, aprés quoi elle continua ſon chemin. Quand elle fut partie, le Savant envoïa ſon valet aprés elle pour ſavoir ce qu'elle ſouhaittoit. Elle dit au valet afin qu'il le rediſt à ſon maiſtre : J'ai commis un peché énorme par les yeux, & je cherchois à les punir par un chaſtiment conforme à l'énormité du peché. J'ai crû que je ne pouvois leur cauſer un plus grand ſupplice, que de les emploïer à regarder la vilaine face de ton maiſtre.

Le même Savant racontoit que jamais on ne pouvoit avoir une mortification plus grande que celle qu'il avoit euë un jour. Il disoit : Une Dame me prit un jour par la main dans la ruë & me mena devant la boutique d'un Fondeur, à qui elle dit : Comme cela, entendés-vous ? & après ces paroles elle me laiſſa. Je fus d'autant plus ſurpris de l'avanture que je ne ſavois pas ce que cela vouloit dire. Je priai le Fondeur de me dire ce que c'eſtoit, & il me dit : Cette Dame eſtoit venuë pour me faire fondre la figure d'un Diable, & je lui avois répondu que je n'avois pas de modele pour lui rendre le ſervice qu'elle ſouhaittoit. Elle vous a rencontré & vous a amené pour me dire que j'en prenne le modele ſur vous.

Un Mahometan âgé de cinquante ans qui avoit un grand nez, faifoit l'amour à une Dame & lui difoit qu'il n'eſtoit pas leger & inconſtant comme les jeunes gens, & ſur toute choſe qu'il avoit de la patience, quelque facheuſe & peu ſage que puſt eſtre une femme. La Dame lui dit : Il faut bien que cela ſoit ; car, ſi vous n'aviés pas la patience de ſupporter une femme, jamais vous n'auriés pû porter voſtre nez l'eſpace de cinquante ans.

Un Mahometan propre & poli voïant un autre Mahometan negligé qui ne ſe faiſoit pas faire la barbe, lui dit : Si vous ne vous faites raſer, voſtre viſage deviendra teſte.

REMARQUE. Quoique les Mahometans, particulierement ceux qui ſont mariés, ſe laiſſent croiſtre la barbe ; neantmoins ils ne laiſſent pas que d'en avoir un grand ſoin. Ils ſe la font accommoder ſouvent, en faiſant raſer le poil follet autour du viſage & raſer les extremités avec des ciſeaux, de maniere qu'un qu'un poil ne passe pas l'autre, & cela donne tout un autre air au visage.

Un descendant d'Ali avoit querelle avec un autre Mahometan, & lui disoit : Pourquoi estes-vous mon ennemi, pendant que la religion vous oblige de dire dans vos Prieres : Mon Dieu, benissés Mahomet & ceux qui sont de sa race. L'autre répondit : la Priere porte, pour ceux de sa race qui sont bons & purs ; mais vous n'estes pas de ce nombre-là.

REMARQUE. Les descendans d'Ali sont consideréz dans la Perse, tant à la consideration d'Ali que de Fatime fille de Mahomet & femme d'Ali, parce qu'ils sont censés descendre de Mahomet par Fatime. Les Scherifs chez les Turcs sont les mesmes que les descendans d'Ali chez les Persans. Mais, les Turcs ne croïent pas avec les Persans que les descendans d'Ali fussent les veritables successeurs de Mahomet à la dignité de Califer, & ne regardent pas la noblesse de leurs Scherifs par cet endroit-là ; mais par Fatime de qui ils descendent.

Un Arabe du desert estoit à la

table d'un Calife, & le Calife le regardant manger, apperçut un poil sur un morceau qu'il alloit mettre à la bouche, & lui dit: Arabe, prenés garde, oftés le poil que voila fur voftre viande. L'Arabe lui dit: On ne peut pas manger à une une table dont le maiftre prent garde aux morceaux de fi près qu'il y apperçoit un poil; & en difant cela, il fe leva & jura que jamais il ne mangeroit à la table du Calife.

Un Mahometan fort riche eftant mort fous le regne d'un Tyran, le Vizir du Tyran fit venir le fils du deffunt & lui demanda compte des biens que fon pere lui avoit laiffés. Le fils lui rendit un compte exact de tout, & à la fin il ajoûta: mon pere vous a fait heritier de tout cela par portion égale avec moi. Le Vizir rit en lui-mefme de l'addreffe du fils, & fe contenta de prendre la moitié des biens pour le Tyran.

On demandoit à un Turc ce qu'il aimoit le mieux, ou de piller aujourd'hui, ou d'entrer demain dans le Paradis ? Il répondit : Je prens, je pille & je vole aujourd'hui tout ce qui m'accommode, & je suis prest d'entrer demain dans le feu d'enfer pour tenir compagnie à Pharaon.

REMARQUE. Le Turc de qui il est ici parlé n'estoit pas un Turc de Constantinople ni de l'Empire qui en dépent ; mais, un Turc du Turquestan dans la grande Tartarie de ceux qui estoient accoustumés à piller, & qui sortoient de temps en temps de leur païs pour faire des courses en deçà de l'Oxus, ou pour se loüer & se mettre à la solde des Princes qui les prenoient à leur service. Quoique les Turcs de Constantinople tirent leur origine d'une inondation faite dans une de ces courses ; neanmoins ils ne se donnent pas ce nom-là. Ils le donnent seulement aux païsans Mahometans d'Anatolie & de Romelie. De sorte que chez eux un Turc est un homme grossier, rustique, incivil & mal appris.

Un pauvre demandoit l'aumosne

à la porte d'une maison. Le Concierge lui dit : Dieu vous assiste, il n'y a personne à la maison. Le pauvre repartit : Je demande un morceau de pain, je n'ai rien à démesler avec les gens de la maison.

Le fils d'un Mahometan estant à l'agonie, le Mahometan donna ordre de faire venir le laveur pour le laver. Ses gens lui dirent qu'il n'estoit pas encore mort & qu'il falloit attendre. Le pere repartit : Il n'importe, qu'on le fasse venir il sera mort avant qu'on ait achevé de le laver.

REMARQUE. Les Mahometans sont exacts à laver les corps de leurs morts avant que de les ensevelir, & c'est une ceremonie de leur religion dont ils ne se dispensent pas.

On demandoit à un artisan qui estoit l'aisné lui ou son frere ? Il répondit : Je suis l'aisné, mais quand mon frere aura encore un an, nous serons lui & moi de mesme âge.

Un Mahometan estoit à l'agonie, & un de ses voisins qui avoit l'haleine puante l'exhortoit à la mort, & le pressoit fortement de prononcer la profession de foi de sa religion en lui soufflant sous le nés, & plus l'agonisant tournoit la teste de l'autre costé, plus il s'avançoit & plus il l'importunoit. A la fin l'agonisant ne sachant plus comment se délivrer de lui, dit : Eh de grace, pourquoi ne me laissés-vous pas mourir purement ? Voulés-vous continuer de m'infecter de vostre haleine que je trouve plus odieuse que la mort.

REMARQUE. Tout le monde sait que cette profession de foi consiste en ces paroles : Lâ ilah illâ-llah, Méhemmed réçoùl-ûllah. C'est-à-dire. Il n'y a pas d'autre Dieu que Dieu, Mahomet est son Envoyé. Les Mahometans, autant qu'ils le peuvent, la font prononcer par les agonisans ; parce qu'ils croïent que cela est necessaire pour entrer dans le Paradis qu'ils attendent.

On demandoit à un bossu ce qu'il aimoit mieux, ou que Dieu

le rendift droit comme les autres hommes, ou qu'il rendift les autres hommes boſſus comme lui? Il répondit : J'aimerois mieux qu'il rendift les autres hommes boſſus comme moi, afin que j'euſſe le plaiſir de les regarder du meſme œil dont ils me regardent.

Des amis allerent ſe promener en campagne avec de bonnes proviſions, & s'eſtant arreſtés à l'ombre dans un endroit extrêmement agréable, ils ſe mirent à manger ce qu'ils avoient porté. Un chien s'approcha d'eux, & un de la compagnie lui jetta une pierre, de la meſme maniere que s'il lui euſt jetté un morceau de pain ou de viande. Le chien flaira la pierre & ſe retira. On l'appella, mais jamais il ne voulut retourner. Cela fit dire à un autre de la compagnie : Savés-vous ce que ce chien dit en lui-mesme ? Il dit : Ce sont des chiches & des vilains, il ne mangent que des pierres. Il n'y a rien à faire pour moi auprès d'eux.

On demandoit à un fils s'il ne souhaitoit pas la mort de son pere, afin d'heriter de ses biens. Il répondit : Non, mais je souhaiterois qu'on le tuast, afin qu'avec l'heritage qui me viendroit j'heritasse encore du prix de son sang.

REMARQUE. On païe toûjours chez les Mahometans le sang de celui qui a esté tué, soit aux dépens de l'assassin ou des voisins du quartier où l'assassinat s'est commis, ou d'autre maniere.

Un Poëte Persan lisoit de méchans vers de sa façon à une personne d'esprit & de bon goust, & en achevant de les lire, il dit qu'il les avoit faits estant aux lieux. La personne reprit : Je n'en doute pas, ils en portent l'odeur avec eux.

Un Poëte s'addreſſa à un Medecin, & lui dit qu'il avoit quelque choſe ſur le cœur qui lui cauſoit des défaillances de temps en temps avec des friſſonnemens, & que cela lui faiſoit dreſſer le poil par tout le corps. Le Medecin qui avoit l'eſprit agréable & qui connoiſſoit le perſonnage, lui demanda : N'avés-vous pas fait quelques vers que vous n'aïés pas encore recité à perſonne. Le Poëte lui aïant avoüé la choſe, il l'obligea de reciter ſes vers ; & quand il eut achevé, il lui dit : Allés, vous voila gueri, c'eſtoient ces vers retenus qui vous cauſoient le mal de cœur qui vous tourmentoit.

Un Predicateur qui faiſoit de méchans vers, affectoit de les citer dans ſes Predications, & quelquefois il diſoit : J'ai fait ceux-ci
en

en faisant ma priere. Un des auditeurs indigné de sa vanité & de sa présomption, l'interrompit & dit : Des vers faits pendant la priere valent aussi peu que la priere pendant laquelle ils ont esté faits.

Un Poëte Persan lisoit au fameux Poëte Giami un Gazel de sa façon qui ne valoit rien, & lui faisoit remarquer qu'il estoit singulier en ce que la lettre Elif ne se trouvoit dans aucun des mots de la piece. Giami lui dit : Vous feriés une bien plus belle chose si vous en ostiés toutes les lettres.

REMARQUES. Un Gazel est une piece de Poësie extrémement en usage parmi les Persans & parmi les Turcs. Les deux premiers vers riment ensemble, & le premier vers des distiques qui suivent rime avec la premiere rime ; mais, le second vers des mesmes distiques ne rime pas. Cette piece est au moins de cinq distiques, & j'en ai vû d'onze, de douze & de treize distiques. Ordinairement e Poëte fait entrer son nom dans le dernier distique ou dans le penultiéme, lorsque le Gazel est long. Tous les Poëtes un peu distingués parmi eux font une suite de Gazels rimés par ordre Alphabetique, & cette suite reduite en un corps s'appelle Divan. Ce mesme mot de Divan signifie aussi un corps de personnes qui composent un Conseil & le lieu où le Conseil s'assemble. Ainsi, on dit à la Porte: Le Grand Vizir préside au Divan, &, le Grand Vizir, les autres Vizirs, les deux Cadilesxers, le Reis Kitteb, & le Nischanga s'assemblent trois fois la semaine dans le Divan où ils ont tous seance. L'amour est le sujet le plus ordinaire des Gazels. Neanmoins, Hafiz, Giami & d'autres Poëtes Persans traittent des matieres les plus sublimes de la Theologie affective dans ceux qu'ils ont composés sous les termes allegoriques d'amour & de débauche.

Giami est un Poëte Persan des plus fameux, qui fait connoistre lui-mesme dans son Baharistan qu'il estoit dans le plus fort de sa reputation sous le regne de Mirza Sultan Hussein, le dernier des successeurs de Tamerlan dans les Roïaumes du Khorassan & de la Perse. Il mourut l'an 898. de l'Hegire, de Jesus-Christ l'an 1483. âgé de 81. ans suivant l'histoire des Poëtes Persans de Sami Prince de la famille des Sofis de Perse d'aujourd'hui. Il a composé un grand nombre d'ouvrages tant en Vers qu'en Prose, & l'on compte cinq Divans parmi ses Poësies, c'est-à-dire, cinq recueils complets de Gazels par ordre alphabetique. Il s'appelle communément Mevlana Giami, & Mevlana est un mot Arabe qui signifie, Nostre Maistre. Ce titre se donne aux Savans, soit dans la Religion, soit dans les Loix, soit dans les autres Sciences, & se joint aux noms de ceux qui se sont distinguez par dessus les autres. Nos Docteurs se donnent de mesme le titre de, *Magister noster*.

Ce Gazel où il n'y avoit pas d'Elif me donne occasion de remarquer que les Grecs ont eu le mesme rafinement dans leur Poësie de faire des Poëmes entiers où l'on ne trouvoit pas une certaine lettre de l'alphabet.

Messihi & Schemi Poëtes Turcs & amis qui vivoient à Constantinople, allerent un jour ensemble à une Eglise de Galata, exprès pour y voir les belles de Galata. Cela fit dire à un autre Poëte que Messihi avoit porté un cierge à l'Eglise.

REMARQUE. La pointe consiste en ce que Messihi est un mot Arabe qui signifie un Chrestien, & que Schemi en est un autre qui signifie un cierge, une chandelle ou une bougie. Messihi & Schemi vivoient sous le regne de Sultan Soliman, au rapport de Letifi dans son histoire des Poëtes Turcs.

Le Medecin Mehemmed fils de Zekeria, accompagné de quelques-uns de ses disciples, rencontra un fou qui le regarda longtemps fixement, & qui enfin se mit à rire. En rentrant chez lui Mehemmed fit d'abord préparer de l'Epithym & le prit. Ses disciples lui demanderent pourquoi il prenoit ce remede dans un temps où il sembloit qu'il n'en avoit pas besoin? Il répondit: C'est parce que ce fou de tantost a ri en me voïant. Il ne l'auroit pas fait s'il n'avoit vû en moi quelque chose de la bile qui l'accable. Chaque oiseau vole avec les oiseaux de son espece.

REMARQUES. Mehemmed fils de Zekeria, de qui il est ici parlé, est le fameux Medecin Arabe, connu sous le nom de Razis, qui n'est pas son propre nom ; mais, le nom appellatif de la ville de Reï dans le Roïaume de Perse d'où il estoit, suivant les regles de la Grammaire Arabe, de mesme que de Paris on fait Parisien. Ainsi, Razi n'estoit pas Arabe, mais Persan ; & s'il doit estre appellé Medecin Arabe, c'est parce qu'il a écrit en Arabe & qu'il a pratiqué & enseigné la Medecine des Arabes. Ceux qui connoissent les plantes savent que l'Epithym est ce qui croist sur le Thym par filamens, dont les Medecins se servent encore aujourd'hui pour purger la bile.

Cette particularité de la vie de Razis est tirée de l'Instruction en Persan d'Emir Onsor el Maali Kikiaous Roi du Mazanderan pour son fils Ghilan Schah sous le Titre de Kabous-nameh. Ce Roi vivoit dans le cinquiéme siecle de l'Hegire, puis qu'il marque dans cet ouvrage qu'il fit le pelerinage de la Mecque sous le regne du Calife Caïm-billah qui commença de regner l'an 420. de l'Hegire, c'est-à-dire l'an de Jesus-Christ 1029.

Une femme consultoit Bouzourgemhir Vizir de Khosrou Roi de Perse sur une affaire, & Bouzourgemhir n'eut pas de réponse à lui donner. La femme lui dit : Puisque vous n'avés pas de réponse à me donner, pourquoi estes-vous dans la charge que vous occupés ? Les appointemens & les bien-faits du Roi que vous recevés sont fort mal emploïés. Bouzourgemhir repartit : Je suis païé pour ce que je sai & non pas pour ce que je ne sai point.

REMARQUE. Khosrou est le mesme Roi de Perse, qui s'appelle Noufchirvan & Anoufchirvan sous qui Mahomet naquit, & Bouzourgemhir estoit son premier Ministre. Les Orientaux parlent de Noufchirvan comme du modele d'un Prince accompli, & ils proposent Bouzourgemhir pour servir d'exemple à tous les Ministres.

Un Tailleur de Samarcande, qui demeuroit près de la porte de la ville qui conduisoit aux Cemetieres, avoit en sa boutique un pot de terre pendu à un clou, dans lequel il jettoit une petite pierre à chaque mort qu'on portoit pour estre enterré, & à la fin de chaque Lune il comptoit les pierres pour savoir le nombre des morts. Enfin, le Tailleur mourut lui-mesme, & quelque temps après sa mort quelqu'un qui n'en avoit rien sû voïant sa boutique fermée, demanda où il estoit, & ce qu'il estoit devenu ? Un des voisins répondit : Le Tailleur est tombé dans le pot comme les autres.

REMARQUE. Kikiaous rapporte cette plaisanterie dans l'instruction pour le Prince son fils, en lui marquant qu'il faut tous ... rir jeunes & vieux.

Un jeune homme railleur rencontra un vieillard âgé de cent ans, tout courbé, & qui avoit bien de la peine à se soustenir avec un baston, & lui demanda : Scheich, dites-moi, je vous prie, combien vous avés achepté cet arc, afin que j'en achete un de mesme ? Le Vieillard répondit : Si Dieu vous donne de la vie, & si vous avés de la patience, vous en aurez un de mesme qui ne vous coûtera rien.

REMARQUE. Scheich, qui signifie un Vieillard, est aussi un titre d'honneur & de dignité, & il paroist par les Histoires du Levant qu'il ſe donne meſme aux enfans pour eſtre joint à leur nom. Ainſi, dans l'Hiſtoire de Tamerlan on a Mirza Omer Scheich qui eſtoit un de ſes fils.

Kikiaous Roi du Mazanderan, dans l'inſtruction pour ſon fils, rapporte le conte qui ſuit, & dit en ces termes : Camil un des Chiaoux de mon pere, âgé de plus de 70. ans, voulant acheter un cheval, un maquignon lui en amena un d'un beau poil & vigoureux en apparence. Il lui plut & il l'acheta. Quelque temps après il s'aviſa de le regarder à la bouche, & trouva que c'eſtoit un vieux cheval. Il chercha auſſi-toſt à s'en défaire & le vendit à un autre. Je lui demandai pourquoi il s'en eſtoit défait, & pourquoi l'autre s'en eſtoit accommodé. Il répondit : C'eſt un jeune homme qui n'a pas connoiſſance des incommodités de la vieilleſſe. Il est excusable de s'estre laissé tromper à l'apparence ; mais, je ne le serois pas si je l'avois gardé, moi qui sait ce que c'est que la vieillesse.

Un Roi de Perse en colere, déposa son Grand Vizir & en mit un autre à sa place. Neanmoins, parce que d'ailleurs il estoit content des services du déposé, il lui dit de choisir dans ses Estats un endroit tel qu'il lui plairoit, pour y joüir le reste de ses jours avec sa famille des bien-faits qu'il lui avoit faits jusques alors. Le Vizir lui répondit : Je n'ai pas besoin de tous les biens dont V. M. m'a comblé, je la supplie de les reprendre ; & si elle a encore quelque bonté pour moi, je ne lui demande pas un lieu qui soit habité ; je lui demande avec instance de m'accorder quelque village desert, que je puisse repeupler &

rétablir avec mes gens, par mon travail, par mes soins & par mon industrie. Le Roi donna ordre qu'on cherchast quelques villages tels qu'il les demandoit ; mais, après une grande recherche ceux qui en avoient eu la commission vinrent lui rapporter qu'ils n'en avoient pas trouvé un seul. Le Roi le dit au Vizir déposé, qui lui dit : Je savois fort bien qu'il n'y avoit pas un seul endroit ruiné dans tous les Païs dont le soin m'avoit esté confié. Ce que j'en ai fait, a esté afin que V. M. sust elle-mesme en quel estat je les lui rends, & qu'elle en charge un autre qui puisse lui en rendre un aussi bon comte.

REMARQUE. Le Roi Kikiaous remarque que le Roi fut si satisfait de l'addresse de ce Vizir, qu'il le pria d'oublier ce qui s'estoit passé, & qu'il le restablit dans sa mesme dignité. Ce Roi de qui il parle estoit un des Rois de Perse, qui ont regné avant la naisssance de Mahomet. Cela joint avec d'autres témoignages, fait connoistre qu'il y avoit des Histoires de ces Rois-là qui pouvoient estre perduës du temps de Kikiaous; mais, dont on sçavoit encore beaucoup de choses par tradition.

Sous le regne de Sultan Mahmoud Sebecteghin le Gouverneur de la ville de Nisa dans le Khorassan, ruina un Marchand fort riche & le renferma dans une prison. Le Marchand s'échapa & alla à Gaznin la Capitale du Sultan, où il se jetta à ses pieds & lui demanda justice. Sultan Mahmoud fit expedier une lettre addressée au Gouverneur, par laquelle il enjoignoit au Gouverneur de rendre au Marchand ce qu'il lui avoit pris. Le Gouverneur reçut la lettre; mais, dans la pensée que le Marchand ne prendroit pas la peine de retourner une autre fois à la Cour, il se contenta de la lire, & ne fit rien de ce qui lui eſtoit commandé. Le Marchand ne ſe rebuta pas, il retourna une autre fois à Gaznin, & prenant le temps que le Sultan ſortoit de ſon Palais, il demanda encore juſtice contre le Gouverneur, les larmes aux yeux, & en des termes accompagnés de gémiſſemens & de ſanglots. Le Sultan commanda qu'on lui expediaſt une autre lettre. Le Marchand lui repreſenta : Je lui ai déja porté une lettre de la part de V. M. à laquelle il n'a pas obéi, il n'obéïra pas encore à celle-ci. Sultan Mahmoud qui avoit l'eſprit occupé ailleurs, repartit : Je ne puis faire autre choſe que de lui écrire ; mais s'il n'obéït pas, mets ſa teſte ſous tes pieds. Le Marchand repliqua : Je demande pardon à V. M. Ce ſera lui qui me mettra les pieds ſur la teſte en recevant cette ſeconde lettre. Le Sultan rentra en luimesme, & dit : J'ai mal parlé, c'est à moi à le perdre & non pas à toi. En mesme temps il dépescha des Officiers au Prevost de la ville de Nisa, avec ordre de faire rendre au Marchand ce qui lui appartenoit, & de faire pendre le Gouverneur. Le Prevost executa ces ordres, & en faisant pendre le Gouverneur avec la lettre du Sultan; il fit crier à haute voix que c'estoit-là le chastiment que meritoient ceux qui n'obéïssoient pas aux lettres du Prince leur Maistre.

REMARQUES. Sultan Mahmoud Sebekteghin estoit fils de Sebekteghin, & Sebekteghin fut d'abord esclave à la Cour des Samaniens, qui l'avancerent si avantageusement aux premieres Charges de leurs Estats, qu'il succeda enfin à leur puissance dans le Khorassan. Après sa mort Sultan Mahmoud lui succeda & augmenta ses Estats par de grandes conquestes dans les Indes. Il regnoit dans le quatriéme siecle de l'Hegire, c'est à-dire dans le dixiéme siécle de nostre Epoque , & sa Capitale estoit la ville de Gaznin aux confins des Indes, qu'il avoit préferée à Bokhara où les Samaniens avoient fait leur residence, afin d'estre plus voisin des conquestes qu'il avoit faites & plus en estat de les soustenir.

Nisa est une ville considerable du Khorassan, fameuse par l'excellence de ses pasturages & par ses bons chevaux.

Sultan Masoud fils de Sultan Mahmoud Sebecteghin , estoit brave & vaillant ; mais, il ne savoit pas l'art de gouverner comme son pere le savoit. Pendant qu'il estoit dans les divertissemens, au milieu des concerts avec les Dames de son Palais, les Gouverneurs de ses Provinces & ses troupes vivoient dans la derniere licence & commettoient de grandes violences. Une femme maltraittée lui fit des plaintes , & il lui fit dresser une lettre en sa faveur pour le Gouverneur de qui elle se plaignoit. Mais, le Gouverneur ne fit rien de ce qui lui eſtoit ordonné. Elle retourna au Sultan, & s'eſtant meſlée parmi la foule de ceux qui demandoient juſtice, elle lui préſenta un ſecond placet. Sultan Maſoud ordonna qu'on lui expediaſt une ſeconde lettre ; & ſur ce qu'elle repreſenta que le Gouverneur n'avoit pas obéï à la premiere, le Sultan aïant dit qu'il ne pouvoit qu'y faire ; elle repartit avec hardieſſe : Donnés vos Provinces à gouverner à des gens qui ſachent obéïr à vos lettres, & ne perdés pas le temps dans les divertiſſemens, pendant que vos peuples, qui ſont les creatures de Dieu, gemiſſent ſous la tyrannie de vos Gouverneurs.

Le Medecin Hareth diſoit : Quoique la vie ſoit toûjours trop courte ; neanmoins pour vivre long-temps, il faut manger du matin, il faut eſtre leger d'habit

& user de femmes sobrement. Par la legereté d'habit, il entendoit qu'il ne falloit pas avoir de debte.

REMARQUE. Ce Medecin estoit Arabe de la ville de Taïef, qui exerça premierement la Medecine en Perse, & depuis en son Païs dans le temps que Mahomet vivoit. Neanmoins, il n'est pas certain qu'il ait esté Mahometan; mais, il est constant qu'il estoit né Païen.

Le Calife Mansour avoit pour Medecin George fils de Bachtjeschoua, qui estoit Chrestien, qu'il cherissoit, parce qu'il l'avoit gueri d'une maladie très-dangereuse. George qui estoit dans un âge avancé estant tombé malade, le Calife voulut le voir, & commanda qu'on l'apportast le plus commodément qu'on pourroit. On l'apporta, & le Calife lui demanda l'estat de sa santé. Le Medecin le satisfit, & le supplia de lui accorder la permission de retour-

retourner en son Païs, disant qu'il souhaitoit de voir sa famille avant que de mourir, & particulierement un fils unique qu'il avoit, & d'estre enterré avec ses ancestres aprés sa mort. Le Calife lui dit : Medecin, crains Dieu, & fais-toi Mussulman, je te promets le Paradis. Le Medecin répondit : En Paradis ou en Enfer, je serai content d'estre où sont mes peres.

REMARQUES. Abou-Ifarage, qui rapporte cette Histoire, ajouste que le Calife aprés avoir ri de la réponse du Medecin, fit ce qu'il put pour le retenir; mais à la fin, qu'il lui accorda ce qu'il demandoit, & le renvoïa avec un présent de dix mille pieces de monnoïe d'or, & cette monnoïe estoit à peu prés de la valeur de l'écu d'or de France; de sorte qu'il est aisé de juger que la liberalité estoit considerable. Ce Medecin estoit de Giondi Sabor ville de Perse, où il fut conduit & escorté par un Eunuque, qui avoit ordre de faire transporter son corps chez lui, au cas qu'il mourust en chemin, afin qu'il y fust enterré comme il le desiroit; mais il y arriva estant encore en vie.

F

Le Calife Manſour s'appelloit Abougiafar Manſour. C'eſtoit le deuxiéme de la race des Abbaſſides. Il mourut à peu de diſtance de la Mecque, où il eſtoit allé en pelerinage, l'an de l'Hegire 158. de J. C. 774.

Jean fils de Meſué, connu ſous le nom de Meſué, Medecin du Calife Haroun-erreſchid, eſtoit un railleur; mais, il ne put empêcher qu'un autre Medecin ne lui fermaſt la bouche dans une converſation en préſence d'Ibrahim frere d'Haronn-erreſchid; car, ce Medecin qui s'appelloit Gabriel, lui dit: Vous eſtes mon frere, fils de mon pere. A ces mots Meſué dit au frere du Calife: Seigneur, je vous prens à témoin ſur ce qu'il vient de dire, parce que je prétens partager l'heritage de ſon pere avec lui. Gabriel repartit: Cela ne ſe peut, les baſtards n'heritent pas.

REMARQUES. Meſué eſtoit de Syrie & Haroun-erreſchid qui l'avoit fait venir, lui fit traduire en Arabe les anciens Medecins & d'autres ouvrages Grecs. Comme d'ailleurs il estoit très-savant, il avoit établi une école à Bagdad où il enseignoit toutes les sciences.

Gabriel estoit petit fils de George fils de Bacht-Ieschoua de qui il est fait mention ci-dessus, & Medecin à la Cour d'Haroun-er-reschid, auprès de qui il se mit dans un grand credit, à l'occasion d'une Dame de son Palais. Cette Dame s'estoit estenduë, & en s'estendant son bras estoit demeuré roide à ne pouvoir s'en servir. Après toutes les onctions & toutes les fomentations dont les Medecins purent s'aviser, le mal continuant toûjours Gabriel fut appellé, & on lui dit de quelle maniere il estoit arrivé à la Dame. Sur ce rapport il dit au Calife qu'il savoit un moïen infaillible pour la guerir, & il le pria de ne pas trouver mauvais ce qu'il feroit pour cela en sa présence & en la présence de la compagnie, s'il avoit pour agreable de faire venir la malade. Elle vint par ordre du Calife, & lors qu'elle parut, Gabriel courut à elle en se baissant, & lui prit le bas de la veste, comme s'il eût voulu lever la veste. La Dame surprise de cette action, changea de couleur, & porta la main du bras dont elle estoit incommodée jusqu'au bas de sa veste pour empescher que le Medecin ne la levast. En mesme temps le Medecin dit au Calife qu'elle estoit guerie. En effet, de ce moment la Dame remua son bras de tous les costez, comme si jamais elle n'y avoit eu de mai, & le Calife fut si satisfait qu'il fit donner cinq cent mille Drachmes au Medecin. Les Drachmes estoient monnoïe d'argent, & cette somme faisoit environ trois cent cinquante mille livres.

Le Calife Vathek Billa peschoit à la ligne sur le Tigre, & Mesué son Medecin estoit près de lui. Le Calife chagrin de ce qu'il ne prenoit rien, dit à Mesué : Retire-toi, malheureux, tu me portes malheur. Mesué piqué de cette rebufade, dit au Calife : Empereur des croïans, ne m'accusés point de ce qui n'est pas. Il est vrai que mon pere estoit un simple Bourgeois de Khouz, & que ma mere Reçala avoit esté esclave. Mais avec cela, je n'ai pas laissé que d'arriver au bonheur d'être favori de plusieurs Califes, de manger, de boire avec eux, & d'estre de leurs divertissemens ; & par leurs bien-faits, j'ai des biens & des richesses au delà de l'esperance que je pouvois concevoir. Cela ne peut pas s'appeller estre malheureux. Mais, si vous voulés bien me le permettre, je vous dirai qui est celui qu'on peut veritablement appeller malheureux. Le Calife aïant témoigné qu'il pouvoit s'expliquer, il reprit: C'est un Seigneur descendu de quatre Califes, que Dieu a fait Calife comme eux, lequel laissant à part dignité, grandeur & Palais, est assis dans une Cabane de bois de vingt coudées en toutes ses dimensions, exposé à un coup de vent qui peut le submerger, & qui fait ce que font les plus pauvres & les plus disgratiés de tous les hommes.

REMARQUES. Abou-Ifarage remarque que le Calife fût outré de la hardiesse de Mesué; mais, que la présence de Mutevekkel ala-llah son frere, qui fut Calife après lui, l'empescha d'éclater.

Le Calife Vathek Billah mourut l'an 232. de l'Hegire, c'est-à-dire l'an 846. de J. C.

Le Medecin Bacht Ieschoua alla un jour faire sa cour au Calife Mutevekkel-ala-llah & le trouva seul. Il s'assit près de lui, comme il avoit coustume de le faire ; & comme sa veste estoit un peu décousuë par le bas, le Calife en discourant acheva insensiblement de la découdre jusques à la ceinture ; & dans ce moment, suivant le sujet dont ils s'entretenoient, il demanda au Medecin à quoi l'on connoissoit qu'il estoit temps de lier un fou ? Bacht Ieschoua répondit : Nous le lions lors qu'il est venu au point de découdre la veste de son Medecin jusques à la ceinture.

REMARQUES. Au rapport d'Aboulfarage le Calife rit si fort de la réponse du Medecin, qu'il se laissa aller à la renverse sur le tapis où il estoit assis. En mesme temps il lui fit apporter une autre veste fort riche avec une somme d'argent très-considerable qu'il lui donna.

Ce Bacht Ieschoua estoit fils de Gabriel de

qui il est parlé ci-dessus. Mais, nonobstant cette grande familiarité, il lui arriva mal d'avoir fait un grand festin au mesme Calife, qui fut choqué de sa magnificence & de la grande opulence avec laquelle il l'avoit regalé; car, peu de temps après il le disgracia, & exigea de lui des sommes très-considerables. Il est remarqué que de la vente seule du bois, du vin, du charbon & d'autres provisions de la maison, on fit une somme d'environ trente-six mille livres.

Mehemmed fils de Zekeria ou pluftoft Razis, de qui il a déja esté parlé, devint aveugle dans sa vieillesse, & un Empirique s'offrit de lui rendre la veuë en faisant l'operation. Razis lui demanda combien l'œil avoit de tuniques. L'Empirique répondit qu'il n'en savoit rien; mais, que cela n'empescheroit pas qu'il ne le guerist. Razis repartit: Qui ne sait pas combien l'œil a de tuniques ne touchera pas à mes yeux. Ses parens & ses amis le pressèrent, en lui representant qu'il n'hazardoit rien quand l'Operateur ne réussiroit pas, & qu'il pouvoit recouvrer la veuë s'il réussissoit. Mais, il s'en excusa, & dit : J'ai vû le monde si long-temps, que je n'ai point de regret de ne le pas voir davantage.

Le Calife Caher Billah avoit chargé Sinan fils de Thabet son Medecin de faire subir l'examen à ceux qui voudroient faire profession de la Medecine. Un jour, un Vieillard de belle taille, grave & venerable, estant venu se presenter à lui, il le reçut avec tous les honneurs que meritoit un homme de cette apparence; & après lui avoir fait prendre place, & avoir témoigné qu'il écouteroit avec plaisir les bonnes choses qu'il attendoit de sa capacité ; il lui demanda de qui il avoit appris la Medecine ? A cette demande, le Vieillard tira de sa manche un papier plein de pieces

ces de monnoïe d'or qu'il mit sur le tapis devant Sinan en le lui presentant, & répondit : Je vous avouë franchement que je ne sai ni lire ni écrire. Mais, j'ai une famille, il faut que je trouve tous les jours de quoi la faire subsister. Cela m'oblige de vous supplier de ne me pas faire interrompre le train de vie auquel je suis engagé. Sinan sourit & dit : Je le veux bien ; mais, à la charge que vous ne verrés point de malades de qui vous ne connoistrez pas la maladie, & que vous n'ordonnerez ni saignée ni purgation que dans les maladies qui vous seront très-connuës. Le Vieillard répondit que c'estoit sa methode, & qu'il n'avoit jamais ordonné que de l'Oxymel & des Juleps. Le lendemain, un jeune homme proprement vestu, bien fait & d'un air dégagé, vint le trouver pour

G

le mesme sujet, & Sinan lui demanda de qui il avoit pris des leçons de Medecine. Il répondit qu'il les avoit prises de son pere, & que son pere estoit le Vieillard à qui il avoit donné le pouvoir d'exercer la Medecine le jour precedent. Sinan reprit: C'est un brave homme, vous servés-vous de la mesme methode dont il se sert? Le jeune homme dit qu'oüi, & Sinan lui recommanda de la bien observer, & le renvoïa avec le mesme pouvoir d'exercer la Medecine que son pere.

REMARQUES. Le Calife Caher Billah s'appelloit Abou Mansour avant que d'estre Calife. Il succeda à Muctseder Billa l'an 320. de l'Hegire & de J. C. l'an 932. & regna un an & sept mois.

Le premier Medecin du Grand Seigneur a de mesme que le Medecin de ce Calife le pouvoir d'examiner, & d'éprouver la capacité de ceux qui entreprennent d'exercer la Medecine à Constantinople.

Un Medecin Grec d'Antioche estoit convenu pour une somme d'argent de guerir un malade de la fiévre tierce; mais, au lieu de le guerir, les remedes qu'il lui donna firent changer la fiévre tierce en demi-tierce, de sorte que les parens le renvoïerent, & ne voulurent pas qu'il approchast davantage du malade. Il leur dit : Païés-moi donc la moitié de la somme qui m'a esté promise, puisque j'ai chassé la moitié de la maladie. Il estoit si ignorant, qu'il s'arrestoit au nom, & qu'il croïoit que la fiévre demi-tierce estoit moins que la fiévre tierce, quoi qu'elle soit double de la tierce, & quoi qu'on pust lui dire, il demandoit toûjours la moitié du païement.

Une Dame Egyptienne fit venir un fameux Astrologue, & le pria de lui dire ce qui lui faisoit peine dans l'esprit. L'Astrologue dressa une figure de la disposition du Ciel tel qu'il estoit alors, & fit un long discours sur chaque Maison, avec d'autant plus de chagrin, que tout ce qu'il disoit ne satisfaisoit pas la Dame. A la fin il se tust, & la Dame lui jetta une Drachme. Sur le peu qu'elle lui donnoit, l'Astrologue ajoûta qu'il voïoit encore par la figure qu'elle n'estoit pas des plus aisées chez elle ni bien riche. Elle lui dit que cela estoit vrai. L'Astrologue regardant toûjours la figure, lui demanda : N'auriés-vous rien perdu ? Elle répondit: J'ai perdu l'argent que je vous ai donné.

REMARQUE. Nous avons déja dit qu'une Drachme estoit une monnoïe d'argent. Elle estoit de la valeur de huit à dix sols.

Les Savans des Indes tomboient d'accord de la capacité &

de la grande sagesse de Bouzourgemhir ; mais, ils trouvoient à dire qu'il fatiguoit ceux qui le consultoient par l'attente de ses réponses. Bouzourgemhir qui sut ce qu'ils lui reprochoient, dit : Il est plus à propos que je pense à ce que je dois dire, que de me repentir d'avoir prononcé quelque chose mal à propos.

Un Roi avoit prononcé Sentence de mort contre un criminel, & le criminel qu'on alloit executer en sa présence, n'aïant plus que la langue dont il pust disposer, vomissoit mille injures & mille maledictions contre le Roi. Le Roi aïant demandé ce qu'il disoit, un de ses Vizirs qui ne vouloit pas l'aigrir davantage contre ce malheureux, prit la parole, & dit que le criminel disoit que Dieu cherissoit ceux qui se moderoient dans leur colere, & qui pardonnoient à ceux qui les avoient offensé. Sur ce rapport le Roi fut touché de compassion & donna sa grace au criminel. Un autre Vizir ennemi de celui qui venoit de parler au Roi, dit: Des personnes de nostre rang & de nostre caractere ne doivent rien dire aux Monarques qui ne soit veritable. Ce miserable a injurié le Roi & a proferé des choses indignes contre S. M. Le Roi en colere de ce discours, dit: Le mensonge de ton Collegue m'est beaucoup plus agreable que la verité que tu viens de me dire.

REMARQUE. Le premier Chapitre du Gulistan commence par cette petite Histoire; mais, je remarquerai en passant que Gentius qui l'a traduite en Latin n'a pas bien entendu l'endroit qu'il a traduit en ces termes: *Lingua quam callebat convitiis regem proscindere cepit*. Il falloit traduire: *Lingua quam habebat*, ou, *qua illi supererat*, & l'entendre de la maniere que je l'ai rendu en nôtre langue.

Un Roi avoit peu d'amour & de tendresse pour un de ses fils, parce qu'il estoit petit & d'une mine peu avantageuse en comparaison des Princes ses freres, qui estoient grands, bien faits & de belle taille. Un jour, ce Prince voïant que son Pere le regardoit avec mépris, lui dit: Mon pere, un petit homme sage & avisé est plus estimable qu'un grand homme, grossier & sans esprit. Tout ce qui est gros & grand, n'est pas toûjours le plus précieux. La brebis est blanche & nette, & l'élephant sale & vilain.

REMARQUE. Le succés fit voir que ce Prince avoit plus de cœur que ses freres; car, il se signala à la guerre par de beaux exploits, pendant que ses freres n'eurent pas le courage de paroître devant l'ennemi.

Un Roi s'embarqua dans un de ses Ports pour faire un trajet, & un de ses Pages ne fut pas plus tost sur le vaisseau que tout le corps lui trembla de fraïeur, & qu'il se mit à crier d'une maniere effroïable. On fit tout ce qu'on put pour l'obliger de se taire; mais, il crioit toûjours plus fort, & le Roi mesme estoit importuné de ses cris. Un Savant qui accompagnoit le Roi, dit: Si V. M. me le permet, je trouverai le moïen de le faire taire. Le Roi lui aïant témoigné qu'il lui feroit plaisir, il fit jetter le Page à la mer. Mais, ceux qui l'y jetterent avertis de ce qu'ils devoient faire, eurent l'addresse de le plonger seulement deux ou trois fois & de le retirer par les cheveux dans le temps qu'il s'estoit pris au timon, croïant qu'on vouloit le faire noïer tout de bon. Quand il fut dans le navire il se retira dans un coin & ne dit plus mot. Le Roi très-satisfait du succés, en demanda la raison au Savant, qui dit : Le Page n'avoit jamais sû ce que c'estoit que d'estre plongé dans la mer, ni ce que c'estoit que d'estre délivré du danger d'estre noïé, & le mal qu'il a souffert fait qu'il gouste mieux le plaisir d'en estre échapé.

Hormouz Roi de Perse, peu de temps après son élevation sur le thrône fit emprisonner les Vizirs qui avoient esté au service du Roi son pere. On lui demanda quel crime ils avoient commis pour l'obliger à leur faire ce traittement ? Il répondit : Je n'ai rien remarqué & je ne sai en eux rien de criminel. Mais, malgré les assurances que je leur avois données de ma bonté & de ma clemence, j'ai connu qu'ils avoient toûjours le cœur saisi de fraïeur, & qu'ils n'avoient pas de confiance à mes paroles ; cela m'a fait craindre qu'ils ne se portassent à me faire perir, & en ce que j'ai fait, j'ai suivi le conseil des Politiques, qui disent, qu'il faut craindre celui qui nous craint.

REMARQUE. De quatre anciens Rois de Perse nommés Hormouz, comme il est encore marqué plus bas, celui-ci estoit le premier ou le second du nom, parce que l'un & l'autre ont esté de bons Princes. Le troisiéme estoit un Tyran & le quatriéme ne regna qu'un an.

Un Roi des Arabes cassé de vieillesse, estoit malade à la mort, lors qu'un Courier vint lui annoncer que ses troupes avoient pris une Place qu'il nomma, qu'elles avoient fait prisonniers de guerre ceux qui avoient fait resistance, & que le reste & les peuples s'estoient soumis à son obéïssance. A ce discours il s'écria avec un grand soupir : Cette nouvelle ne me regarde plus, elle regarde mes ennemis.

REMARQUE. Il entendoit parler de ses heritiers, qu'il regardoit comme des ennemis.

Hagiage estoit un Gouverneur de l'Arabie sous le regne du Calife Abd'ulmelec fils de Mervan de la race des Ommiades; mais il estoit extrémement haï à cause de ses vexations & de ses cruautés. Aïant eu à sa rencontre un Derviche de Bagdad, il se recommanda à ses prieres. En mesme temps le Derviche levant les yeux au Ciel, dit : Grand Dieu, prenés son ame. Hagiage ne fut pas content de cette priere, & il en gronda le Derviche. Mais, le Derviche repartit : Elle est bonne pour vous & pour tous les Musulmans.

REMARQUE. Abou-Ifarage dans son Histoire appelle ce Gouverneur Hagiage fis d'Iousouf & l'Auteur du Gulistan Hagiage Iousouf. Il faut aussi remarquer qu'Abd-ulmelec fils de Mervan fut fait Calife l'an

60. de l'Hegire, & que l'Auteur du Gulistan s'est trompé en écrivant que le Dervich estoit de Bagdad; car, la ville de Bagdad ne fut bastie que l'an 145. de l'Hegire, de J. C. l'an 762.

Un Prince en succedant au Roi son pere, se trouva maistre d'un thrésor considerable, dont il fit de grandes largesses à ses troupes & à ses sujets. Un de ses Favoris voulut lui donner conseil là-dessus, & lui dit imprudemment: Vos ancestres ont amassé ces richesses avec beaucoup de peine & de soins. Vous ne devriés pas les dissiper avec tant de profusion comme vous le faites. Vous ne savés pas ce qui peut vous arriver dans l'avenir, & vous avés des ennemis qui vous observent. Prenez garde que tout ne vous manque dans le besoin. Le Roi indigné de cette remontrance, repartit : Dieu m'a donné ce Roïaume pour en joüir & pour faire des liberalitez & non pas pour en estre simplement le gardien.

On avoit fait roſtir de la chaſſe pour Nouſchirvan Roi de Perſe, de celle qu'il avoit priſe ſur le meſme lieu où la chaſſe s'eſtoit faite. Quand il fallut ſe mettre à table il ne ſe trouva pas de ſel, & on envoïa un Page en chercher au prochain village. Mais, Nouſchirvan dit au Page : Païés le ſel que vous apporterés, de crainte que cela ne paſſe en méchante couſtume, & que le village ne ſouffre. Un Favori dit que cela ne valoit pas la peine d'en parler, & qu'il ne voïoit point le mal que cela pouvoit cauſer. Nouſchirvan repartit : Les vexations dans le monde ont eu leur commencement de très-peu de choſe, & dans la ſuite elles ont tellement augmenté qu'elles sont arrivées au comble où on les voit.

Sans contestation, le Lion est le Roi des animaux, & l'Asne le dernier de tous. Cependant, les Sages ne laissent pas que de dire : Un Asne qui porte sa charge vaut mieux qu'un Lion qui devore les hommes.

Un Marchand de bois extrémement interessé, achetoit le bois à bon marché des pauvres Païsans qui le lui apportoient & le vendoit cherement aux riches. Une nuit le feu prit à sa cuisine, se communiqua au magazin de bois & le consuma entierement. Quelque temps après il disoit : Je ne sai comment le feu prit chez moi. Un de la compagnie lui repartit : Il y prit de la fumée qui estoit sortie du cœur des pauvres que vous avés rançonnés par vostre avarice.

Un Maiſtre Luiteur, de trois cent ſoixante tours d'addreſſe de ſon art, en avoit enſeigné trois cent cinquante-neuf à un de ſes diſciples, & ne s'en eſtoit reſervé qu'un ſeul. Le diſciple jeune & diſpos, qui avoit bien profité des leçons qu'il avoit priſes, eut la hardieſſe de défier ſon Maiſtre à luiter contre lui. Le Maiſtre accepta le défi, & ils parurent l'un & l'autre devant le Sultan qui n'approuvoit pas la temerité du diſciple & en préſence d'une grande foule de peuple. Le Maiſtre qui n'ignoroit pas que ſon diſciple avoit plus de force que lui, ne lui donna pas le temps de s'en prévaloir. D'abord, il l'enleva de terre adroitement avec les deux mains, & l'aïant élevé juſques ſur ſa teſte, il le jetta contre terre aux acclamations de toute l'aſſemblée. Le

Sultan récompensa le Maistre & blasma le disciple, qui dit qu'il n'avoit pas esté vaincu par la force ; mais seulement par un tour de l'art qui lui avoit esté caché. Le Maistre repartit : Il est vrai ; mais je me l'estois reservé pour un tel jour qu'aujourd'hui ; parce que je savois la maxime des Sages, qui dit, quelque affection qu'on ait pour un ami, que jamais il ne faut lui donner un avantage à pouvoir s'en prévaloir s'il devenoit ennemi.

REMARQUE. Il y a encore des luiteurs chez les Orientaux, qui luitent comme autrefois chez les anciens. Ils sont nuds, excepté qu'ils ont un caleçon de cuir depuis le dessus des genoux jusqu'au dessus des reins, & il se frottent le corps d'huile pour faire cet exercice.

Un Roi passoit devant un Derviche, & le Derviche ne leva pas seulement la teste pour le regarder. Le Roi qui estoit du nombre

bre de ces Rois qui ne ſavent pas ſe poſſeder, & que la moindre choſe offenſe, fut piqué de cette irreverence, & dit : Ces ſortes de gens veſtus de haillons ſont comme des beſtes. Le Vizir dit au Derviche : Pourquoi ne rendés-vous pas au Roi le reſpect que vous lui devés ? Le Derviche répondit : Dites au Roi qu'il attende des reſpects de ceux qui attendent ſes bien-faits, & ſachés que les Rois ſont eſtablis pour la conſervation des ſujets ; mais, que les ſujets n'ont pas la meſme obligation d'avoir du reſpect pour les Rois. Le Roi qui avoit entendu ce diſcours hardi, invita le Derviche à lui demander quélque choſe. Le Derviche lui dit : Je vous demande que vous me laiſſiés en repos.

H

REMARQUE. Diogene fit à peu près le mesme compliment à Alexandre ; mais, il ne faut pas s'en estonner ; car la pluspart de ces Derviches, à proprement parler, sont des sectateurs de ce chef des Philosophes Cyniques. Ils ont la mesme impudence & la mesme indifference pour toutes les choses du monde.

Noufchirvan déliberoit dans son conseil d'une affaire de grande importance, & les Vizirs proposoient chacun leur sentiment. Noufchirvan avança aussi son avis & Bouzourgemhir le suivit : On demanda à Bouzourgemhir pourquoi il avoit preferé l'avis du Roi à l'avis des Vizirs ? Il répondit : Le succés de l'affaire dont il s'agit est très-incertain, & j'ai crû qu'il valoit mieux suivre le conseil du Roi afin d'estre à couvert de sa colere au cas que la chose ne réussisse pas.

Un vagabond déguisé sous l'habit d'un descendant d'Ali,

entra dans une Ville Capitale avec la Caravane des Pelerins de la Mecque, publiant par tout qu'il venoit de ce Pelerinage. S'eſtant introduit à la Cour, il lut devant le Roi une piece de Poëſie dont il ſe diſoit l'auteur. Un des principaux Officiers nouvellement arrivé de l'armée, dit au Roi: Je l'ai vû à Baſra le jour de la feſte du ſacrifice, comment peut-il dire qu'il a fait le pelerinage de la Mecque? De plus ſon pere eſt un Chreſtien de la ville de Malatia. Quel rapport d'un deſcendant d'Ali avec un Chreſtien? Avec cela, il ſe trouva que le Poëme qu'il avoit recité eſtoit du Poëte Enveri. Le Roi qui connut que c'eſtoit un trompeur, commanda qu'on lui donnaſt quelques coups & qu'on le chaſſaſt. A ce commandement le vagabond ſe jettant aux pieds du Roi, dit: Je supplie V. M. de me permettre de dire encore un mot, je me soumets à tel chastiment qu'il lui plaira d'ordonner, si ce que je dirai n'est pas veritable. Le Roi le lui permit, & il dit: Ce que j'ai à dire, est que les voïageurs disent beaucoup de mensonges.

REMARQUES. Les Pelerins de la Mecque celebrent la feste du sacrifice à la Montagne d'Arafat, où ils sacrifient chacun un mouton. Ainsi, puisque ce jour-là, l'imposteur estoit à Basra sur le Golfe Persique qui est fort éloigné de la Montagne d'Arafat, c'estoit une marque qu'il n'estoit pas Pelerin de la Mecque.

Malatia est une ville d'Anatolie dans la Capadoce des anciens.

Enveri est un ancien Poëte Persan.

Deux freres estoient chacun dans un estat fort opposé l'un à l'autre. L'un estoit au service d'un Sultan, & l'autre gagnoit sa vie du travail de ses mains, de sorte que l'un estoit à son aise

& que l'autre avoit de la peine à subsister. Le riche dit au pauvre : Pourquoi ne vous mettés-vous pas au service du Sultan comme moi, vous vous délivreriés des maux que vous souffrés. Le pauvre repartit : Et vous, pourquoi ne travaillés-vous pas pour vous délivrer d'un esclavage si méprisable ?

Un Courrier arriva à Noufchirvan, & lui annonça que Dieu l'avoit délivré d'un de ses ennemis. Il lui demanda : N'avés-vous pas aussi à m'annoncer que je vivrai toûjours & que je ne mourrai jamais ?

Dans le conseil de Noufchirvan où Noufchirvan estoit présent, on délibéroit sur une affaire, & chaque Vizir dit son avis, excepté Bouzourgemhir. Les autres Vizirs lui en aïant demandé la raison, il répondit : Les Vizirs sont comme les Medecins, qui ne donnent des remedes aux malades que lors qu'ils sont en grand danger. Vous dites tous de si bonnes choses, que j'aurois tort d'y rien ajouter du mien.

Le Calife Haroun-erreschid après avoir conquis l'Egypte, y mit pour Gouverneur un certain Cosaïb, le plus vil de ses esclaves; & la raison qu'il en apporta fut l'indignation qu'il avoit de ce que Pharaon avoit exigé que l'on crust qu'il estoit Dieu. Or, Cosaïb estoit un Noir le plus grossier & le plus rustique que l'on pust imaginer, comme il le fit voir en plusieurs occasions, & particulierement en celle-ci. Les Laboureurs dans l'esperance de quelque diminution des droits ausquels ils estoient obligés, lui firent remontrance sur une inondation du Nil à contre temps qui avoit fait perir le Coton qu'ils avoient semé. Cosaïb leur dit : Il falloit semer de la Laine elle n'auroit pas esté perduë.

On demandoit à Alexandre le Grand comment il avoit pû subjuguer l'Orient & l'Occident, chose que d'autres Rois, qui avoient d'autres finances, d'autres Estats, plus d'âge & plus de troupes que lui, jamais n'avoient pû faire ? Il répondit : Je n'ai pas fait de tort aux peuples des Roïaumes que j'ai conquis avec l'aide de Dieu, & jamais je n'ai dit que du bien des Rois avec qui j'ai eu affaire.

REMARQUE. Alexandre le Grand est illustre chez les Mahometans sous le nom d'Iskender ; mais, ils sont partagez touchant la Nation dont il estoit. Les uns écrivent qu'il estoit fils de Darab Roi de Perse, & qu'aïant monté sur le thrône après Dara son aisné, qui est le mesme que Darius, il conquit tout le monde. Les autres qui approchent plus de la verité, disent qu'il estoit fils de Philippe. Mais, les uns & les autres tombent d'accord de l'étenduë de ses conquestes, & lui attribuent une gra. de sagesse qui avoit esté cultivée par Aristote son Precepteur. Ils disent aussi que dans le cours de ses victoires il chercha la fontaine de vie, mais, qu'elle ne fut trouvée que par Hizir son General d'armée, & suivant leur pensée Hizir est le mesme qu'Elie, qui n'est pas mort parce qu'il but de cette eau. Ils l'appellent aussi, le Cornu à cause de sa grande puissance dans l'Orient & dans l'Occident. Touchant cette appellation, je dirai que je suis comme persuadé que les Orientaux la lui ont donnée à l'occasion des Medailles Grecques de Lysimachus, & particulierement de celles qui sont d'argent où Lysimachus est representé avec des cornes, & que ces Medailles estant tombées entre leurs mains, ils les ont prises pour des Medailles d'Alexandre; parce qu'ils ne savoient pas lire le Grec, & qu'ainsi ils ne pouvoient pas distinguer l'un d'avec l'autre, outre que ces Medailles estant plus grandes que celles d'Alexandre, il semble qu'ils ont esté bien fondés par leur grandeur, & mesme par leur beauté, de croire qu'elles estoient plustost d'Alexandre que d'un autre.

Un Derviche qui avoit esté invité par un Sultan à manger à sa table, mangea beaucoup moins qu'il n'avoit coustume de manger chez lui;

lui, afin de faire remarquer qu'il estoit sobre, & après le repas il fit sa priere plus longue que les autres, afin qu'on eust bonne opinion de sa devotion. En rentrant chez lui il commanda qu'on mît la nappe, & dit qu'il vouloit manger. Son fils qui avoit de l'esprit, lui demanda : Mais, mon pere, n'avés-vous pas mangé à la table du Roi ? Le Derviche répondit : Je n'ai pas beaucoup mangé, afin que ni lui ni ses Courtisans ne crussent pas que je fusse un grand mangeur. Le fils repliqua : Mon pere, il faut donc que vous recommenciés aussi voftre priere, elle n'est pas meilleure que le repas que vous avés fait.

REMARQUE. A l'occasion du fils de ce Derviche, il est bon de remarquer, quoique les Derviches soient des gens qui menent une vie austere, qui pourroit faire croire qu'ils ont du rapport avec nos Religieux ; neanmoins, excepté les Calenders, qu'ils se marient presque tous. Les Mahometans n'y trouvent rien à dire ; parce qu'ils ont pour maxime, qu'il n'y a pas de Moinerie dans la Religion Musulmanne : *La ruhbaniet fi-l'iflam*, & par-là ils entendent que le vœu de Chasteté n'y est pas reçû.

L'Auteur du Gulistan en parlant de lui-mesme, écrit en ces termes : Estant fort jeune, j'avois coustume de me lever la nuit, pour prier Dieu, pour veiller & pour lire l'Alcoran. Une nuit que j'estois dans ces exercices, & que toute la famille dormoit, excepté mon pere, près de qui j'estois, je dis à mon pere : Voïés, pas un ne leve seulement la teste pour prier Dieu, & ils dorment tous d'un sommeil si profond, qu'il semble qu'ils soient morts. Mon pere me ferma la bouche, en me disant : Mon fils, il vaudroit mieux que vous dormissiez comme ils dorment, que d'observer leurs defauts.

On loüoit dans une assemblée une personne de remarque qui estoit presente, & l'on en parloit très-avantageusement. La personne leva la teste & dit : Je suis tel que je le sai.

Un Roi demandoit à un Derviche si quelquefois il ne se souvenoit pas de lui ? Le Derviche répondit : Je m'en souviens ; mais c'est lorsque je ne pense pas à Dieu.

Un Devot vit en songe un Roi dans le Paradis & un Derviche en Enfer. Cela l'étonna, & il s'informa d'où venoit que l'un & l'autre estoient chacun dans un lieu opposé à celui dans lequel on s'imagine ordinairement qu'ils doivent estre après leur mort ? On lui répondit : Le Roi est en Paradis à cause de l'amour qu'il a toûjours euë pour les Derviches, & le Derviche est en Enfer à cause de l'attache qu'il a euë auprès des Rois.

Un Derviche mangeoit dix livres de pain par jour & passoit toute la nuit en Prieres jusques au matin. Un homme de bon sens lui dit : Vous feriés beaucoup mieux de ne manger que la moitié d'autant de pain & dormir.

L'Auteur du Gulistan dit encore en parlant de lui-mesme : J'estois esclave à Tripoli chez les Francs, lors qu'un ami d'Halep qui me reconnut en passant, me racheta pour dix pieces de monnoïe d'or & m'emmena avec lui à Halep, où il me donna sa fille en mariage & cent pieces de monnoïe d'or pour sa dot. Mais, c'estoit une méchante langue, & elle estoit d'une humeur très-facheuse. Quelque temps après nostre mariage, elle me reprocha ma pauvreté, & me dit: Mon pere ne vous a-t'il pas délivré des chaisnes des Francs pour dix pieces de monnoïe d'or? Je répondis: Il est vrai, il m'a procuré la liberté pour le prix que vous dites, mais il m'a fait vostre esclave pour cent.

Dans une affaire de grande importance, un Roi fit vœu, s'il en venoit à bout, de distribuer une somme d'argent considerable aux Derviches. L'affaire réussit comme il souhaitoit, & alors, pour accomplir son vœu, il mit la somme dans ûne bourse, & en la confiant à un Officier, il lui ordonna d'en aller faire la distrition. L'Officier qui savoit quelle sorte de gens estoient les Derviches, garda la bourse jusques au soir, & en la remettant entre les mains du Roi, il lui dit qu'il n'avoit pas trouvé un seul Derviche. Le Roi dit : Que veut dire cela ? Je fai qu'il y en a plus de quatre cent dans la ville ? L'Officier reprit : Sire, les Derviches ne reçoivent pas d'argent ; & ceux qui en reçoivent ne font pas Derviches.

On demandoit à un Savant ce qu'il penfoit de la diftribution de pain fondée pour les Derviches ? Il répondit : Si les Derviches le mangent dans l'intention d'avoir plus de forces pour fervir Dieu, il leur eft permis d'en manger ; mais, s'ils font feulement Derviches pour le manger, ils le mangent à leur dam.

Un Derviche quitta fon Couvent & alla prendre des leçons d'un Profeffeur dans un College. Je lui demandai (c'eft l'Auteur du Guliftan qui parle) puis qu'il avoit changé de profeffion, quelle difference il faifoit entre un

Savant & un Derviche ? Il me répondit : Le Derviche se tire lui-mesme hors des vagues ; mais, le Savant en tire encore les autres.

REMARQUES. Les Derviches chez les Mahometans ne font pas des vœux qui obligent auſſi eſtroitement que nos Religieux ſont obligés par leurs vœux. C'eſt pourquoi ils quittent librement l'habit, la regle & la cloſture pour embraſſer telle autre profeſſion qu'il leur plaiſt.

Les Mahometans ont un grand nombre de Colleges fondés par des Sultans & par des particuliers, où des Profeſſeurs gagés enseignent ce qu'ils doivent ſavoir pour acquerir le titre de Savant. Ils y arrivent par degrés, de mesme qu'on arrive au titre de Docteur dans les Univerſités de l'Europe, & les ſciences qu'ils apprennent regardent la Religion & les Loix qui ſont chez eux inſeparables de la Religion.

Un Mahometan qui avoit donné pluſieurs preuves d'une force extraordinaire, eſtoit dans une ſi grande colere qu'il ne ſe poſſedoit plus, & qu'il écumoit de rage. Un homme ſage qui le connoissoit le voïant en cet estat, demanda ce qu'il avoit, & il apprit qu'on lui avoit dit une injure. Cela lui fit dire : Comment ! ce misérable porte un poids de mille livres, & il ne peut pas supporter une parole ?

REMARQUE. Ce mot est plus juste dans le Persan que dans le François, en ce que le mesme mot qui signifie porter signifie aussi supporter.

Un Vieillard de Bagdad avoit donné sa fille en mariage à un Cordonnier, & le Cordonnier en la baisant la mordit à la lévre jusqu'au sang. Le Vieillard lui dit : Les lévres de ma fille ne sont pas du cuir.

Un Savant ne sachant à qui donner sa fille en mariage à cause de sa laideur, quoique la dot qu'il lui donnoit fust très-considerable, la maria enfin avec un aveugle. La mesme année, un

Empirique qui rendoit la veuë aux aveugles, arriva de l'Isle de Serendib, & l'on demanda au Savant pourquoi il ne mettoit pas son gendre entre les mains du Medecin ? Il répondit : Je crains, s'il voïoit clair, qu'il ne répudiast ma fille. Estant aussi laide qu'elle est, il vaut mieux qu'il demeure aveugle.

REMARQUE. L'Isle de Serendib est la mesme que l'Isle de Ceïlan, & que celle que les anciens appelloient Taprobane. J'espere que j'aurai lieu d'en parler ailleurs plus amplement, suivant la tradition des Orientaux.

Un Derviche parloit à un Roi qui ne faisoit pas beaucoup d'estime des gens de sa sorte, & lui disoit : Nous n'avons ni les forces ni la puissance que vous avés en ce monde ; mais, nous vivons plus contens que vous ne vivés. Avec cela, la mort nous rendra tous égaux, & au jour du Jugement nous aurons l'avantage d'estre au dessus de vous.

REMARQUE. Les Mahometans, comme les Chrestiens, attendent un Jugement universel pour le chastiment des méchans & pour la récompense des bons.

Dans la ville d'Halep, un pauvre d'Afrique disoit à des Marchands assemblés : Seigneurs qui estes riches, si vous faisiés ce que l'équité voudroit que vous fissiés, & si nous autres pauvres estions des gens à nous contenter, on ne verroit plus de mendians dans le monde.

Deux Princes fils d'un Roi d'Égypte, s'appliquerent l'un aux sciences & l'autre à amasser des richesses. Le dernier devint Roi & reprocha au Prince son frere le peu de bien qu'il avoit en partage. Le Prince repartit : Mon frere, je louë Dieu d'avoir l'heritage des Prophetes en partage, c'eſt-à-dire, la ſageſſe. Mais, voſtre partage n'eſt que l'heritage de Pharaon & d'Haman, c'eſt-à-dire le Roïaume d'Egypte.

REMARQUE. Ce Pharaon eſt celui que Dieu, ſuivant l'ancien Teſtament, fit ſubmerger dans la mer rouge, & Haman, ſuivant les Traditions des Mahometans, eſtoit ſon premier Miniſtre & l'executeur de ſes méchantes intentions. Suivant les meſmes Mahometans, ce Pharaon fut le premier des Rois d'Egypte qui porterent le nom de Pharaon; car, ſi nous les en croïons, il n'eſtoit point de race Roïale; mais de fort baſſe naiſſance. Voici ce qu'ils en diſent. Son pere qui s'appelloit Maſſab, & qui gardoit les vaches eſtant mort dans le temps qu'il eſtoit encore en bas âge, ſa mere lui fit apprendre le meſtier de Menuiſier; mais, cette profeſſion ne lui aïant pas plû, il abandonna ſa mere & ſon païs & ſe mit chez un vendeur de fruits, chez lequel il ne demeura pas long-temps. S'eſtant mis dans le negoce, il alla à une Foire; mais, il en fut dégouſté, ſur ce qu'on exigea de lui à un paſſage un droit dont la ſomme égaloit le prix de ſa marchandiſe, & de dépit il ſe fit voleur de grands chemins. En ſuite, il trouva le moïen de s'eſtablir à une des portes de la Capitale de l'Egypte, & quoique ce fuſt ſans aveu, d'exiger au nom du Roi un droit ſur tout ce qui paſſoit; mais, aïant eſté découvert en voulant exiger le mesme dr[oit] sur le corps d'une fille du Roi d'Egypte qu[e] l'on portoit pour estre enterrée, il se déliv[ra] de la mort par les grandes sommes d'arge[nt] qu'il avoit amassées. La fortune ne l'abando[n]na pas pour cela, il eut encore assés d'intri[gue] pour devenir Capitaine du Guet, & dan[s] cet emploi il eut un ordre exprès du R[oi] d'Egypte de faire mourir tous ceux qui ma[r]cheroient pendant la nuit. Le Roi d'Egypte, sans lui donner avis de son dessein, sortit luimesme une nuit pour aller communiquer quelque affaire secrete à un de ses Ministres. L[a] Garde l'aïant rencontré, il fut arresté & con[duit] à Pharaon, qui ne voulut pas croi[re] qu'il fust le Roi, quoi qu'il l'eust déja di[t] aux gens du Guet, qui n'avoient pas auss[i] voulu le croire. Au contraire, il le fit des[cen]dre de cheval & lui fit couper la test[e]. Après cette action, aïant connu que c'esto[it] veritablement le Roi, il fut assés puissan[t] pour aller forcer le Palais, s'en rendre mais[tre], & se faire déclarer Roi. Il introduisi[t] le culte des Idoles, & voulut qu'on le reconnust lui-mesme pour Dieu. Enfin, il poursuivit les Israëlites dans leur retraite ; mais, il fut submergé dans la mer rouge. Toutes ces particularités se trouvent dans l'Histoire des Prophetes de Kesaïi.

Un Roi de Perse avoit envoïé un Medecin à Mahomet, & le Medecin demeura quelques anné[es] en Arabie ; mais, fans aucune pratique de fa profeſſion, parce que perſonne ne l'appelloit pour ſe faire médicamenter. Ennuïé de ne pas exercer ſon art, il ſe préſenta à Mahomet, & lui dit en ſe plaignant : Ceux qui avoient droit de me commander m'ont envoïé ici pour faire profeſſion de la Medecine ; mais, depuis que je ſuis venu, perſonne n'a eu beſoin de moi & ne m'a donné occaſion de faire voir dequoi je ſuis capable. Mahomet lui dit : La couſtume de noſtre païs eſt de manger ſeulement lors qu'on eſt preſſé par la faim, & de ceſſer de manger lors qu'on peut encore manger. Le Medecin repartit : C'eſt-là le moïen d'eſtre toûjours en ſanté, & de n'avoir pas beſoin de Medecin. En diſant cela, il prit ſon congé & retourna en Perſe d'où il eſtoit venu.

Ardefchir Babekan Roi de Perse demanda à un Medecin Arabe combien il suffisoit de prendre de nourriture par jour? Le Medecin répondit qu'il suffisoit d'en prendre cent drachmes, & le Roi dit que ce n'estoit pas assés pour donner de la force. Le Medecin repartit : C'est assés pour vous porter ; mais, vous le porterés vous-mesme, si vous en prenés davantage.

REMARQUE. Ardefchir Babekan est le premier de la race des Rois de Perse, qui regnerent jusqu'à ce qu'ils furent chassés par les Mahometans, Son pere s'appelloit Safan, d'où vient que lui & les Rois qui lui succederent furent appellés Safaniens, suivant l'Histoire ancienne des Persans dans ce qui nous en reste par les écrits des Arabes.

Deux Sofis de la ville de Vasete prirent de la viande à credit d'un Boucher & ne la lui païerent pas. Le Boucher les pressoit tous les jours pour en estre païé, avec des paroles injurieuses, qui les mettoient dans une grande confusion ; mais, ils prenoient le parti d'avoir patience, parce qu'ils n'avoient pas d'argent. Un homme d'esprit qui les vit dans cet embarras, leur dit : Il estoit plus aisé d'entretenir vostre appetit dans l'esperance de la bonne chere, que d'entretenir le Boucher dans l'esperance de le païer.

REMARQUES. Les Sofis sont les Religieux les plus distingués chez les Mahometans, tant par la droiture de leurs sentimens touchant leur Religion que par le reglement de leur vie & par la pureté de leurs mœurs, suivant l'origine de leur nom, qui signifie les purs, les choisis. Les Rois de Perse, dont la race regne encore aujourd'hui, ont aussi pris le nom de Sofis, à cause qu'ils font descendre leur origine de Mouça Caſſem le septiéme des douze Imams, qui mourut environ l'an de l'Hegire 183. de J. C. 799. pretendant que la secte d'Ali de qui les douze Imams sont descendus, est la meilleure & la plus pure, & parce que leurs anceſtres se sont toûjours distingués par un zele singulier pour la Religion Mahometane.

La ville de Valete estoit autrefois une ville considerable dans la partie de l'Arabie qui porte le nom d'Erak.

Un Mahometan officieux entretenoit un Derviche d'un homme fort riche, & lui disoit qu'il estoit persuadé que cet homme lui feroit de grandes largesses, s'il estoit bien informé de sa pauvreté. Il se donna mesme la peine d'aller jusques à la porte de la maison de cet homme, & de lui faire donner entrée. Le Derviche entra; mais, comme il vit un homme mélancolique, avec les lévres pendantes, il sortit d'abord sans avoir seulement ouvert la bouche pour lui parler. Le conducteur, qui l'attendoit, lui demanda pourquoi il estoit sorti si promptement. Il répondit : Sa mine ne me plaist pas, je le tiens quitte de la liberalité qu'il pourroit me faire.

Hatem

Hatemtaï de son temps estoit le plus bien-faisant & le plus liberal de tous les Arabes. On lui demanda s'il avoit vû quelqu'un ou entendu parler d'un seul homme qui eust le cœur plus noble que lui ? Il répondit : Un jour, après avoir fait un sacrifice de quarante chameaux, je sortis à la campagne avec des Seigneurs Arabes, & je vis un homme qui avoit amassé une charge d'épines seiches pour brusler. Je lui demandai pourquoi il n'alloit pas chez Hatemtaï, où il y avoit un grand concours de peuple, pour avoir part du regal qu'il faisoit ? Il me répondit : Qui peut manger son pain du travail de ses mains, ne veut pas avoir obligation à Hatemtaï. Cet homme avoit l'ame plus noble que moi.

Un Roi avoit besoin d'une

somme d'argent pour donner aux Tartares, afin d'empescher qu'ils ne fissent des courses sur ses Estats, & apprit qu'un pauvre qui gueusoit avoit une somme très-considerable. Il le fit venir & lui en demanda une partie par emprunt, avec promesse qu'elle lui seroit renduë d'abord que les revenus ordinaires seroient apportés au thresor. Le pauvre répondit : Il seroit indigne que V. M. soüillast ses mains en maniant l'argent d'un mendiant tel que je suis, qui l'ai amassé en gueusant. Le Roi repartit : Que cela ne te fasse pas de peine, il n'importe, c'est pour donner aux Tartares. Telles gens, tel argent.

REMARQUE. Ces Tartares sont ceux de la grande Tartarie, qui ont esté de tout temps de grands faiseurs de courses sur leurs voisins; & c'est d'eux que les Tartares de la Crimée, nonobstant le long temps qu'il y a qu'ils se sont separés d'avec eux, retiennent cette couſtume qui couſte tant de milliers d'hommes à l'Allemagne & à la Pologne depuis le commencement de cette derniere guerre.

L'Auteur du Guliſtan de qui ſont quelques-uns des articles précedens, parle de lui-meſme en ces termes : J'ai connu un Marchand qui voïageoit avec cent chameaux chargés de marchandiſes, & qui avoit quarante tant eſclaves que domeſtiques à ſon ſervice. Un jour, ce Marchand m'entraiſna chez lui dans ſon magazin, & m'entretint toute la nuit de diſcours qui n'aboutiſſoient à rien. Il me dit : J'ai un tel aſſocié dans le Turqueſtan, tant de fonds dans les Indes; voici une obligation pour tant d'argent qui m'eſt dû dans une telle Province ; j'ai un tel pour caution d'une telle ſomme. Puis, changeant de matiere, il continuoit: Mon deſſein eſt d'aller m'establir en Alexandrie, parce que l'air y est excellent. Il se reprenoit, & disoit : Non, je n'irai pas à Alexandrie, la Mer d'Afrique est trop dangereuse. J'ai intention de faire encore un voïage ; après cela, je me retirerai dans un coin du monde, & je laisserai-là le negoce. Je lui demandai quel voïage c'estoit ? Il répondit : Je veux porter du soufre de Perse à la Chine, où l'on dit qu'il se vend cherement. De la Chine j'apporterai de la Porcelaine & je la viendrai vendre en Grece. De la Grece je porterai des estoffes d'or aux Indes, des Indes j'apporterai de l'acier à Halep, & d'Halep je porterai du verre en Arabie heureuse, & de l'Arabie heureuse je transporterai des toiles peintes en Perse. Cela fait, je dirai adieu au negoce qui se fait par ces voïages penibles, & je passerai le reste de mes jours dans une boutique. Il en dit tant sur ce sujet qu'à la fin il se lassa de parler, & en finissant il m'addressa ces paroles : Je vous prie, dites-nous aussi quelque chose de ce que vous avés vû & entendu dans vos voïages. Je pris la parole, & je lui dis : Avés-vous oüi dire ce que disoit un voïageur qui estoit tombé de son chameau dans le desert de Gour ? Il disoit : Deux choses seules sont capables de remplir les yeux d'un avare, la sobrieté ou la terre qu'on jette sur lui après sa mort.

REMARQUES. Outre que cette narration est très-belle par le portrait qu'elle donne d'un Marchand qui ne met pas de bornes à son avarice ; elle est encore très-curieuse, en ce qu'elle fait connoistre de quelle maniere & avec quelles marchandises le negoce se fait dans le Levant. On fait encore aujourd'hui toutes ces routes par terre, & souvent la mesme personne les fait toutes, & quelquefois davantage.

Le Turqueſtan eſt une Province d'une vaſte eſtenduë dans la grande Tartarie, dont la ville de Caſchgar eſt la Capitale. Elle a pris ſon nom des Turcs qui l'habitent, & c'eſt delà que ſous ce nom une infinité de peuples ſont ſortis en differens temps, dont les Turcs qui occupent encore aujourd'hui l'Empire de Conſtantinople font partie.

Par la mer d'Afrique, l'Auteur du Guliſtan entent la mer Mediterranée qui baigne toute la coſte d'Afrique vers le Sud. Quant à ce qu'il dit qu'elle eſt dangereuſe, c'eſt que de ſon temps les Chreſtiens en eſtoient les maiſtres dans toute ſon eſtenduë, & qu'il n'eſtoit pas libre aux Mahometans d'y naviger.

Le deſert de Gour eſt aux environs du Jourdain, entre Damas & la mer Morte, par où l'on paſſe de Syrie en Arabie. Il y a auſſi un Païs du meſme nom près de l'Indus, qui confine avec le Khoraſſan.

Le meſme Auteur du Guliſtan dit encore ceci de lui-meſme : Un homme de peu d'eſprit, gros & gras, richement veſtu, la teſte couverte d'un Turban d'une groſſeur demeſurée, & monté ſur un beau cheval Arabe paſſoit, & l'on me demanda ce qu'il me sembloit du brocard dont ce gros animal estoit vestu. Je répondis : Il en est de mesme que d'une vilaine écriture écrite en caracteres d'or.

REMARQUE. Encore aujourd'hui à Constantinople, les Gens de Loi, c'est-à-dire, le Mouphti, les Cadileskers, les Mullas ou ti Cadis du premier rang portent des Turbans d'une grosseur surprenante, & sans exaggeration il y en a qui ont près de deux pieds dans leur plus grande largeur. Ils sont faits avec beaucoup d'art & d'addresse, & quoi qu'ils soient si gros ; neanmoins ils sont fort legers, parce qu'il n'y entre que de la toile très-fine & du Coton. Quand quelqu'un de ces Messieurs n'a pas la capacité qu'il doit avoir, malheur pour lui : Les Turcs imitent l'exemple de l'Auteur du Gulistan, ils se mocquent de lui & de la grosseur de son Turban.

Un voleur demandoit à un mendiant, s'il n'avoit pas honte de tendre la main au premier qui se présentoit, pour lui demander de l'argent. Le mendiant répondit : Il vaut mieux tendre la main pour obtenir une maille, que de se la voir couper pour avoir volé un sol ou deux liards.

Un Marchand fit une perte considerable, & recommanda à son fils de n'en dire mot à personne. Le fils promit d'obéir; mais, il pria son pere de lui dire quel avantage ce silence produiroit. Le pere répondit : C'est afin qu'au lieu d'un malheur, nous n'en aïons pas deux à supporter, l'un, d'avoir fait cette perte, & l'autre, de voir nos voisins s'en réjoüir.

Un fils qui avoit fait de grands progrés dans les estudes ; mais, naturellement timide & reservé, se trouvoit avec d'autres personnes d'estude & ne disoit mot. Son pere lui dit : Mon fils, pourquoi ne faites-vous pas aussi paroître ce que vous savés? Le fils répondit: C'est que je crains qu'on ne me demande aussi ce que je ne sai pas.
Galien

Galien vit un homme de la lie du peuple qui maltraittoit un homme de Lettres d'une maniere indigne. Il dit de l'homme de Lettres : Il n'auroit pas eu de prise avec l'autre s'il estoit veritablement homme de Lettres.

REMARQUE. Galien n'estoit pas seulement Medecin, c'estoit encore un grand Philosophe. C'est pourquoi il ne faut pas s'étonner que Saadi rapporte de lui ce bon mot qu'il pouvoit avoir appris dans quelque livre traduit de Grec en Arabe, ou entendu dire à quelque savant Chrestien dans ses voïages.

Des Courtisans de Sultan Mahmoud Sebekteghin demandoient à Hassan de Meïmend Grand Vizir de ce Prince, ce que le Sultan lui avoit dit touchant une certaine affaire. Le Grand Vizir s'excusa, en disant qu'il se garderoit bien de rien apprendre à des personnes à qui rien n'estoit caché & qui sçavoient toutes choses. Ils repartirent : Vous estes le Ministre de l'Estat, & le Sultan ne daigne pas communiquer à des gens comme nous ce qu'il vous communique. Le Vizir reprit : C'est qu'il sait que je ne le dirai à personne, & vous avés tort de me faire la demande que vous faites.

REMARQUE. Meïmend est une ville du Khorassan d'où estoit ce Grand Vizir de Sultan Mahmoud Sebekteghin.

Saadi dit encore en parlant de lui-mesme : Je voulois acheter une maison & je n'estois pas encore bien resolu de le faire, lors qu'un Juif me dit : Je suis un des anciens du quartier, vous ne pouvés mieux vous addresser qu'à moi pour savoir ce que c'est que cette maison. Achetés-là sur ma parole, je vous suis caution qu'elle n'a point de defaut. Je lui répondis : Elle en a un grand d'avoir un voisin comme toi.

REMARQUE. Quoique les Mahometans aïent une grande aversion pour tous ceux qui ne sont pas de leur Religion ; neanmoins ils en ont plus pour les Juifs que pour les Chrestiens. C'est pourquoi Saadi avoit de la peine à prendre une maison dans un quartier où il y avoit des Juifs.

Un Poëte alla voir un chef de voleurs, & lui recita des vers qu'il avoit faits à sa loüange ; mais, au lieu d'agréer ses vers, le chef des voleurs le fit dépoüiller & chasser hors du village, & avec cela, il fit encore lacher les chiens après lui. Le Poëte voulut prendre une pierre pour se deffendre contre les chiens ; mais, il avoit gelé & la pierre tenoit si fort qu'il ne put l'arracher. Cela lui fit dire, en parlant des voleurs : Voila de méchantes gens, ils lachent les chiens & attachent les pierres.

REMARQUE. L'Auteur du Gulistan

ajoûte que ce bon mot fit rire le chef des voleurs qui l'entendit d'une fenêtre, & qu'il cria au Poëte de demander ce qu'il voudroit & qu'il le lui accorderoit. Le Poëte lui dit: Si vous avés envie de me faire du bien, je ne vous demande que la veste dont vous m'avés fait dépoüiller. Le chef des voleurs eut compaſſion de lui, & avec ſa veste, il lui fit encore donner une veste fourrée.

Un mari avoit perdu ſa femme, qui eſtoit d'une grande beauté; mais, la mere de la défunte qui lui eſtoit fort odieuſe demeuroit chez lui par une clauſe du contract de mariage, au cas qu'elle ſurvéquiſt à ſa fille. Un ami lui demanda comment il ſupportoit la perte de ſa femme. Il répondit: Il ne m'eſt pas ſi étrange de ne plus voir ma femme, que de voir ſa mere.

Je logeois chez un Vieillard de Diarbekir qui avoit du bien; (ce ſont les termes de l'Auteur du Guliſtan) & ce Vieillard me diſoit que jamais il n'avoit eu qu'un fils qui estoit présent, que Dieu avoit accordé à ses Prieres plusieurs fois réiterées dans une Vallée peu éloignée de la ville, où il y avoit grande devotion près d'un certain arbre. Le fils qui entendit ces paroles dit tout bas à ses camarades : Je voudrois savoir ou est cet arbre, j'irois y demander à Dieu la mort de mon pere.

REMARQUE. Diarbekir est une grande ville de la Mesopotamie, que nos Geographes appellent du nom de la mesme ville. Comme elle est sur la frontiere des Estats du Grand Seigneur vers la Perse, il y a un Pacha qui a plusieurs Sangiacs au dessous de lui.

Le mesme Auteur dit encore en parlant de lui-mesme : Par un excés & par un emportement de jeunesse, je maltraittois un jour ma mere de paroles. Sur les choses facheuses que je lui dis, elle se retira dans un coin les larmes aux yeux, & me dit : Presentement que vous avés la force d'un Lion, avés-vous oublié que vous avés efté petit pour avoir l'infenfibilité que vous avés pour moi? Vous ne me maltraitteriés pas comme vous le faites, fi vous vous fouveniés de voftre enfance & du temps que je vous tenois dans mon fein.

Le fils d'un avare eftoit dangereufement malade, & des amis confeilloient au pere de faire lire l'Alcoran ou de faire un facrifice, difant que cela feroit peuteftre que Dieu rendroit la fanté à fon fils. Le pere y penfa un moment, & dit: Il eft plus à propos de faire lire l'Alcoran, parce que le troupeau eft trop loin. Un de ceux qui entendirent cette réponfe, dit: Il a préferé la lecture de l'Alcoran, parce que l'Alcoran eft fur le bord de la langue ; mais, l'or qu'il lui en auroit coufté pour acheter une victime, est au fond de son ame.

REMARQUE. Les Mahometans lisent ou font lire l'Alcoran entier ou par parties en plusieurs rencontres, comme, pour l'ame d'un défunt, pour un malade, avant qu'une bataille se donne, dans des calamités publiques & en d'autres necessités pressantes, dans la croïance que c'est un moïen propre pour appaiser la colere de Dieu. Ils égorgent aussi des moutons pour le mesme sujet. Schahroch fils de Tamerlan estant sur le point de donner une grande bataille à Emir Cara Iousouf, qui s'estoit fait reconnoistre Roi de Perse, & qui avoit establi son siege à Tauriz, fit lire douze mille fois le Chapitre de la Conqueste, qui est le 48. de l'Alcoran, par les Hafiz, c'est-à-dire, par ceux qui savoient l'Alcoran par cœur, lesquels estoient à la suite de son armée. Ce Chapitre est de 29. Versets.

On demandoit à un Vieillard pourquoi il ne se marioit pas? Il répondit qu'il n'avoit point d'inclination pour de vieilles femmes. On lui repartit, estant riche comme il l'estoit, qu'il lui seroit aisé d'en trouver une jeune. Il reprit:

Je n'ai pas d'inclination pour les vieilles, parce que je suis vieux, comment voulés-vous qu'une jeune femme puisse avoir de l'inclination pour moi & m'aimer?

Un Sage disoit à un Indien qui apprenoit à jetter le feu Gregeois: Ce meftier-là ne vous est pas propre, vous de qui la maison est bastie de cannes.

REMARQUE. Les Orientaux parlent souvent du feu Gregeois, & par ce qu'ils en disent, il paroist que le bitume entroit dans sa composition.

Un Mahometan de peu d'esprit, qui avoit mal aux yeux, s'addressa à un Maréchal, & le pria de lui donner quelque remede. Le Maréchal lui appliqua une emplastre dont il se servoit pour les chevaux; mais, le malade en devint aveugle, & fut faire ses plaintes à la Justice. Le Cadis informé du fait, le chassa, & lui dit : Retire-toi, tu n'as pas d'action contre celui que tu accuses. Tu n'aurois pas cherché un Maréchal au lieu d'un Medecin si tu n'estois un asne.

Un fils estoit dans un Cimetiere assis sur le tombeau de son pere, qui lui avoit laissé de grands biens, & tenoit ce discours au fils d'un pauvre homme : Le tombeau de mon pere est de marbre, l'Epitaphe est écrit en lettres d'or, & le pavé à l'entour est de marqueterie & à compartimens. Mais toi, en quoi consiste le tombeau de ton pere ? En deux briques, l'une à la teste, l'autre aux pieds, avec deux poignées de terre sur son corps. Le fils du pauvre répondit : Taisés-vous, avant que vostre pere ait seulement fait mouvoir au jour du Jugement la pierre dont il est couvert, mon pere sera arrivé au Paradis.

REMARQUE. C'eſt une couſtume chez les Mahometans de mettre une pierre aux pieds & à la teſte des ſepultures de leurs morts. Plus le mort eſt riche, & plus cette pierre eſt polie & ornée, & ſouvent on y met de beau marbre blanc au lieu de pierre dans les lieux où l'on en peut avoir, & alors le marbre ou la pierre eſt en forme de colonne, & aſſés frequemment avec un Turban en ſculpture au haut de la colonne, conforme à la profeſſion ou à l'emploi du deffunt pendant qu'il vivoit, ou avec un bonnet de femme, ſi c'eſt une ſepulture de femme. De plus, pour peu que la perſonne ſoit de conſideration, on voit ſur la colonne un Epitaphe en ſculpture ou en caracteres gravés en relief; car, je ne me ſouviens pas d'en avoir vûs degravés en creux, comme on grave ordinairement les Epitaphes en Europe, & l'Epitaphe contient preſque toûjours la Profeſſion de Foi de la Religion Mahometane, le nom & la qualité du deffunt, avec un invitation au paſſant de reciter le premier Chapitre de l'Alcoran pour le repos de ſon ame, & il y en a dont les caracteres ſont dorés. Les plus riches font de groſſes dépenſes en repréſentations, en édifices voiſins ; comme Moſquées, Hoſpitaux, Fontaines, Ecoles, avec des revenus pour leur entretien. Les Cimetieres publics ſont toûjours hors des portes des Villes, & l'on n'enterre dans les Villes que les Princes & les perſonnes de grande diſtinction avec leur famille près des Moſquées dont ils sont les Fondateurs. Cet ordre est mesme observé dans les Bourgs & dans les Villages où les Cimetieres sont toûjours hors de l'enceinte des maisons le long des grands chemins, afin que les passans en les costoïant soient excités de prier pour ceux qui y sont enterrés. Outre la pierre & le marbre, il y a des endroits ou les parens plantent à la teste & aux pieds du rosmarin ou quelqu'autre plante. En de certains lieux les femmes vont le Vendredi pleurer sur la sepulture de leurs maris ou de leurs parens & amis.

Le Grand Iskender, ou Alexandre le Grand, car c'est la mesme chose, venoit de prendre une Place, & on lui dit que dans cette Place il y avoit un Philosophe de consideration. Il commanda qu'on le fist venir ; mais, il fut fort surpris de voir un homme fort laid, & il ne put s'empescher de lacher quelques paroles qui marquoient son estonnement. Le Philosophe l'entendit, & quoi qu'il fust dans un grand desordre à cause du saccagement de sa patrie ; neanmoins, il ne laiſſa pas que de lui dire en ſouriant : Il eſt vrai que je ſuis difforme ; mais, il faut conſiderer mon corps comme un fourreau dont l'ame eſt le ſabre. C'eſt le ſabre qui tranche & non pas le fourreau.

REMARQUE. Je ne me ſouviens pas d'avoir lû ce trait de l'Hiſtoire d'Alexandre le Grand dans aucun Auteur Grec ou Latin, ni entendu dire qu'il s'y trouvaſt, & je ne ſache pas auſſi qu'aucun des Philoſophes que nous connoiſſions ait dit ce mot. En effet, il reſſent pluſtoſt la ſageſſe des Orientaux que des Grecs. Quoi qu'il en ſoit, il eſt juſte & digne d'eſtre remarqué, & les Orientaux n'en ſachant pas le veritable Auteur, ont pû l'attribuer à Alexandre le Grand, qu'ils ont fait un Heros de leur Païs.

Un Philoſophe diſoit : J'ai écrit cinquante volumes de Philoſophie ; mais, je n'en fus pas ſatisfait. J'en tirai ſoixante maximes qui ne me ſatisfirent pas davantage. A la fin, de ces ſoixante maximes j'en choiſis quatre, dans lesquelles je trouvai ce que je cherchois. Les voici :

N'aïés pas la mesme consideration ni les mesmes égards pour les femmes que pour les hommes. Une femme est toûjours femme, de si bonne maison & de telle qualité qu'elle puisse estre.

Si grandes que puissent estre vos richesses, n'y aïés point d'attache, parce que les révolutions des temps les dissipent.

Ne découvrés vos secrets à personne, non pas mesme à vos amis les plus intimes ; parce que souvent il arrive qu'on rompt avec un ami, & que l'ami devient ennemi.

Que rien dans le monde ne vous tienne attaché que la science accompagnée de bonnes œuvres ; parce que vous seriés criminel à l'heure de vostre mort si vous la méprisiés.

Les Philosophes des Indes avoient une Bibliotheque si ample, qu'il ne falloit pas moins de mille chameaux pour la transporter. Leur Roi souhaita qu'ils en fissent un abregé, & ils la reduisirent à la charge de cent chameaux ; & après plusieurs autres retranchemens, enfin tout cet abregé fut reduit à quatre Maximes. La premiere regardoit les Rois qui devoient estre justes. La seconde prescrivoit aux peuples d'estre souples & obéissans. La troisiéme avoit la santé en vûë, & ordonnoit de ne pas manger qu'on n'eust faim, & la quatriéme recommandoit aux femmes de détourner leurs yeux de dessus les estrangers, & de cacher leur visage à ceux à qui il ne leur estoit pas permis de le faire voir.

REMARQUE. A propos de Bibliotheque portée par des chameaux, Saheb his d'Ibad Grand Vizir de deux Rois de Perse de la race des Boiens, qui aimoit les Lettres, & qui mourut l'an de l'Hegire 385. de J. C. l'an 995. en avoit une que quatre cent chameaux portoient à sa suite, mesme dans les campagnes qu'il estoit obligé de faire. Le Grand Vizir Kupruli tué à la bataille de Salankemen, qui avoit une Bibliotheque très-fournie, n'alloit aussi en aucun endroit qu'il ne fist porter avec lui plusieurs coffres remplis de Livres; car, tout le temps qu'il ne donnoit pas aux affaires, il le donnoit à la lecture ou à enseigner, ce qu'il pratiqua particulierement au commencement de cette derniere guerre contre l'Empereur, qu'il n'eut pas d'emploi jusques à la mort du Grand Vizir Cara Mustapha Pacha, qui l'en avoit éloigné, parce que dans le conseil il s'estoit opposé lui seul à la déclaration de cette guerre. Dans cet interval il faisoit tous les jours leçon à soixante écoliers, qu'il nourrissoit aussi & qu'il habilloit. Bien des gens peut-estre auront de la peine à le croire, parce qu'ils ne sont pas accoustumés à voir de semblables exemples devant leurs yeux. Cependant, cela s'est fait & vû sur sur un Theatre assés grand, puisque c'estoit au milieu de Constantinople.

Quatre puissans Monarques de differens endroits de la terre ont prononcé chacun une parole remarquable, à peu près fur le mef-me fujet. Un Roi de Perfe a dit: Jamais je ne me fuis repenti de m'eftre tû, mais, j'ai dit beaucoup de chofes dont je me fuis cruellement repenti. Un Empereur de la Grece a dit de mefme: Mon pouvoir éclate bien davantage fur ce que je n'ai pas dit, que fur ce que j'ai dit ; mais, je ne puis plus cacher ce que j'ai une fois prononcé. Un Empereur de la Chine a dit : Il eft beaucoup plus facheux de dire ce qu'on ne doit pas dire, qu'il n'eft aifé de cacher le repentir de l'avoir dit. Enfin, un Roi des Indes s'eft expliqué en ces termes fur le mefme fujet. Je ne fuis plus maiftre de ce que j'ai une fois prononcé ; mais, je difpofe de tout ce que je n'ai pas avancé par mes paroles. Je puis le dire & ne le pas

pas dire, suivant ma volonté.

REMARQUE. Au lieu de l'Empereur de la Grece, le texte de l'Auteur du Gulistan porte, l'Empereur de Roum, ce qui signifie la mesme chose; parce qu'en general sous ce nom de Roum, les Orientaux comprennent tous les Païs qui ont esté occupés par les Romains. Et quoique des Romains ces Païs aient passé aux Grecs ; neanmoins, ils ont toujours retenu le nom de Roum par rapport à la premiere origine, de quoi il ne faut pas s'estonner, puisque depuis les Romains les Grecs se sont appellés & s'appellent encore aujourd'hui Ρωμαῖοι, c'est-à-dire, Romains. Le mot de Roum en particulier se prend aussi simplement pour les Estats que les Selgiucides ont possedés dans l'Anatolie, aïant fait leur Capitale de la Ville d'Iconium, ce qui leur fit prendre le titre de Rois de Roum. Cela vient de ce que les Empereurs de Constantinople aïant deffendu long-temps ces Païs-là contre les Mahometans, qui les connoissoient sous le nom d'Empereurs de Roum, les premiers qui s'en emparerent & qui s'en rendirent Souverains affecterent de se donner le mesme nom.

Trois Sages, l'un de la Grece, un autre des Indes & Bouzourgemhir, s'entretenoient en présence du Roi de Perse, & la conversation tomba sur la question, savoir, quelle estoit la chose de toutes la plus facheuse. Le Sage de la Grece dit que c'estoit la vieillesse accablée d'infirmités, avec l'indigence & la pauvreté. Le Sage des Indes dit que c'estoit d'estre malade & de souffrir sa maladie avec impatience. Mais, Bouzourgemhir dit que c'estoit le voisinage de la mort destitué de bonnes œuvres, & toute l'assemblée fut du mesme sentiment.

On demandoit à un Medecin quand il falloit manger? Il répondit: Le riche doit manger quand il a faim, & le pauvre quand il trouve de quoi manger.

Un Philosophe disoit à son fils: Mon fils, jamais ne sortés de la maison le matin qu'après avoir mangé, on a l'esprit plus assis en cet estat, & au cas que l'on soit offensé par quelqu'un, on est plus disposé à souffrir patiemment. Car, la faim desseche & renverse la cervelle.

REMARQUE. Je ne sai si les Orientaux sont fondés sur cette maxime qui est de très-bon sens & veritable; mais generalement, ils mangent tous de grand matin, & ordinairement après la Priere du matin, qu'ils font avant le lever du Soleil, & ce qu'ils mangent sont des laitages, des confitures liquides, & autres choses semblables & froides; mais pas de viande, après quoi ils prennent le Café. Il est certain que l'air sombre, serieux & melancolique que l'on remarque le matin dans ceux qui sont à jeun, ne prouve que trop la necessité de mettre cette maxime en pratique.

On demandoit à Bouzourgemhir qui estoit le Roi le plus juste ? Il répondit : C'est le Roi sous le regne de qui les gens de bien sont en asseurance, & que les méchans redoutent.

Les Arabes disoient à Hagiage leur Gouverneur qui les maltraittoit : Craignés Dieu & n'affligés pas les Muſſulmans par vos vexations. Hagiage qui eſtoit éloquent monta à la tribune, & en les haranguant il leur dit: Dieu m'a eſtabli pour vous gouverner ; mais, quand je mourrois vous n'en ſeriés pas plus heureux ; car, Dieu a beaucoup d'autres ſerviteurs qui me reſſemblent , & quand je ſerai mort, peut-eſtre que je ſerai ſuivi d'un autre Gouverneur qui ſera plus méchant que moi.

Alexandre le Grand priva un Officier de ſon emploi & lui en donna un autre de moindre conſideration, & l'Officier s'en contenta. Quelque temps après Alexandre le Grand vit cet Officier & lui demanda comment il ſe trouvoit dans la nouvelle charge qu'il exerçoit ? L'Officier répondit avec reſpect : Ce n'eſt pas la charge qui rent celui qui l'exerce plus noble & plus confiderable; mais, la charge devient noble & confiderable par la bonne conduite de celui qui l'exerce.

REMARQUE. Alexandre le Grand fut très-fatisfait de cette réponfe, & il reftablit cet Officier dans fa premiere charge. Dans les Cours du Levant, qui font orageufes, les Courtifans ont befoin de ces fortes d'exemples, pour ne pas fe defefperer lors qu'ils font contraints de reculer après y avoir avancé dans le fervice.

Un Derviche voïoit un Sultan fort familierement; mais, il obferva un jour que le Sultan ne le regardoit pas de bon œil, comme il avoit couftume de le regarder. Il en chercha la caufe, & croïant que cela venoit de ce qu'il fe prefentoit trop fouvent devant lui, il s'abftint de le voir & de lui faire fa cour. Quelque temps après le Sultan le rencontra, &

lui demanda pourquoi il avoit cessé de venir le voir. Le Derviche répondit : Je savois qu'il valoit mieux que V. M. me fist la demande qu'elle me fait, que de me témoigner du chagrin de ce que je la voïois trop souvent.

Un Favori faisoit cortege à Cobad Roi de Perse, & avoit beaucoup de peine à retenir son cheval, pour ne pas marcher à costé du Roi. Cobad s'en apperçut, & lui demanda quel égard les Sujets devoient avoir pour leur Roi, quand ils lui faisoient cortege ? Le Favori répondit : La principale maxime qu'ils doivent observer est de ne pas faire manger à leur cheval tant d'orge que de coustume la nuit qui precede le jour auquel ils doivent avoir cet honneur, afin de n'avoir pas la confusion que j'ai presentement.

REMARQUES. Cobad Roi de Perse estoit pere de Noufchirvan qui lui succeda, sous lequel Mahomet naquit.

On donne de l'orge aux chevaux dans le Levant & non pas de l'avoine qui n'y est pas si commune que l'orge.

Un jour de Nevrouz Noufchirvan Roi de Perse regalant toute sa Cour d'un grand festin, remarqua pendant le repas qu'un Prince de ses parens cacha une tasse d'or sous son bras; mais, il n'en dit mot. Lors qu'on se leva de table, l'Officier qui avoit soin de la vaisselle d'or, cria que personne ne sortist, parce qu'une tasse d'or estoit égarée, & qu'il falloit la retrouver. Noufchirvan lui dit : Que cela ne te fasse pas de peine, celui qui l'a prise ne la rendra pas; & celui qui l'a vû prendre ne déclarera pas le voleur.

REMARQUE. Le Nevrouz est le jour auquel le Soleil entre dans le Belier, & co mot signifie le nouveau jour, parce que chez les Persans c'est le premier jour de l'année Solaire qui estoit suivie sous le regne des anciens Rois de Perse, à laquelle les Mahometans ont fait suivre l'année Lunaire. Neanmoins, depuis ce temps-là les Persans continuent de celebrer ce jour-là la feste solemnelle qui s'y celebroit. Le Roi de Perse la celebre lui-mesme par un grand regal qu'il fait à toute sa Cour, dans lequel le vin que l'on boit est aussi servi dans des tasses d'or, comme on peut le remarquer dans les relations des voïageurs de nostre temps.

Hormouz Roi de Perse fils de Sapor, avoit acheté une partie de perles, qui lui avoit cousté cent mille pieces de monnoïe d'or; mais il ne s'en accommodoit pas. Un jour, son Grand Vizir lui representa qu'un Marchand en offroit deux cent mille, & que le gain estant si considerable, il seroit bon de les vendre, puis qu'elles ne plaisoient pas à S. M. Hormouz répondit : C'est peu de chose pour nous que cent mille pieces de monnoïe d'or que nous

avons

avons déboursées, & un gain trop petit pour un Roi que cent mille autres que vous me proposés. De plus, si nous faisons le Marchand, qui fera le Roi, & que feront les Marchands ?

REMARQVE. On compte quatre Rois de Perse qui ont porté le nom d'Hormouz, suivant la liste que nous en avons dans les Histoires des Orientaux. Celui-ci est le premier de ce nom & le troisième de la quatrième & derniere race des anciens Rois de Perse, que les mesmes Historiens appellent Sassaniens de Sasan pere d'Ardeschir Babecan premier Roi de cette race. Sapor son pere avoit fait bastir Tchendi Sapor dans le Khoutistan, d'où estoit le Medecin Bacht-Ieschoua, de qui nous avons parlé ci-devant. Avant celui-ci, il y avoit eu un autre Sapor Roi de Perse ; mais il estoit de la race des Ascaniens, comme les apellent les Orientaux, & ce sont les mesmes que ceux que nous appellons Arsacides. Il fut successeur d'Ask fils d'un autre Ask, qui donna le nom à toute la race, & ce fut celui qui se rendit si redoutable aux Romains. D'Ask les Grecs & les Romains ont fait Asak, & d'Asak Arsak, d'où est venu le nom des Arsacides.

Pendant la minorité de Sapor

fils d'Hormouz Roi de Perse, Taïr Chef des Arabes fit une cruelle guerre aux Persans, dans laquelle il pilla la Capitale du Roïaume, & fit la sœur de Sapor esclave. Mais, quand Sapor eut atteint l'âge de gouverner par luimesme, il attaqua Taïr & le prit dans une Forteresse par la trahison de Melaca sa propre fille, qui ouvrit la porte de la Forteresse. Après qu'il se fust défait de Taïr, il fit un grand carnage des Arabes, & à la fin lassé de cette tuerie, afin de rendre sa cruauté plus grande par une mort lente, il ordonna qu'on rompist seulement les épaules à tous ceux qu'on rencontreroit. Melik un des ancestres de Mahomet lui demanda quelle animosité il pouvoit avoir pour exercer une si grande cruauté contre les Arabes. Sapor répondit : Les Astrologues m'ont prédit que le deſtructeur des Rois de Perſe doit naiſtre chez les Arabes, c'eſt en haine de ce deſtructeur que j'exerce la cruauté dont vous vous plaignés. Melik repartit : Peut-eſtre que les Aſtrologues ſe trompent, & ſi la choſe doit arriver, il vaut beaucoup mieux que vous faſſiés ceſſer cette tuerie, afin qu'il ait moins de haine contre les Perſans quand il ſera venu.

REMARQUE. Sapor de qui il eſt parlé en cet article eſt le ſecond du nom de la race des Saſaniens, & ſon pere Hormouz de meſme eſt le ſecond du nom de la meſme race. A cauſe de cette cruauté de faire caſſer les épaules, les Arabes lui donnerent le nom de Sapor, Zou-l'ectaf, comme qui diroit, le briſeur d'épaules, avec lequel ils le diſtinguent toûjours des autres, lors qu'ils parlent de lui dans leurs Livres.

On préſenta un voleur fort jeune à un Calife, & le Calife commanda qu'on lui coupaſt la main droite, en disant que c'estoit afin que les Musfulmans ne fussent plus exposés à ses voleries. Le voleur implora la clémence du Calife, & lui dit: Dieu m'a créé avec l'une & l'autre main, je vous supplie de ne pas permettre qu'on me fasse gaucher. Le Calife reprit: qu'on lui coupe la main, Dieu ne veut pas qu'on souffre les voleurs. La mere qui estoit présente repartit: Empereur des Croïans, c'est mon fils, il me fait vivre du travail de ses mains, je vous en supplie pour l'amour de moi, ne souffrés pas qu'il soit estropié. Le Calife persista dans ce qu'il avoit ordonné, & dit: Je ne veux pas me charger de son crime. La mere insista, & dit: Considerés son crime comme un des crimes dont vous demandés tous les jours pardon à Dieu. Le Calife agréa ce détour & accorda au voleur la grace qu'elle demandoit.

REMARQUE. Empereur des Croïans est la traduction fidelle du titre d'Emir-elmoumenin que les Califes se sont attribués, & après eux les Rois Arabes en Espagne & d'autres Princes Mahometans. Omar second successeur de Mahomet le prit le premier, au lieu du titre de Successeur du successeur de Dieu, qu'on lui avoit donné d'abord, & qui fut trouvé trop long, comme Aboulfarage l'a remarqué.

On amena un criminel à un Calife, & le Calife le condamna au supplice qu'il meritoit. Le criminel dit au Calife : Empereur des Croïans, il est de la justice de prendre vangeance d'un crime ; mais, c'est une vertu de ne pas se vanger. Si cela est, il n'est pas de la dignité d'un Calife de préferer la vangeance à une vertu. L Calife trouva ce trait ingenieux à son goust, & lui donna la grace.

Un jeune homme de la famille d'Haschem, famille considérable parmi les Arabes, avoit offensé une personne de consideration, & l'on en avoit fait des plaintes à un oncle sous la direction de qui il estoit. Le neveu voïant que son oncle se mettoit en estat de le chastier, lui dit: Mon oncle, je n'estois pas en mon bon sens lorsque je fis ce que j'ai fait; mais, souvenés-vous de faire en vostre bon sens ce que vous allés faire.

Hagiage interrogeoit une Dame Arabe qui avoit esté prise avec des rebelles, & la Dame tenoit les yeux baissés & ne regardoit pas Hagiage. Un des assistans dit à la Dame: Hagiage vous parle & vous ne le regardés pas? Elle répondit: Je croirois offenser Dieu si je regardois un homme tel que lui que Dieu ne regarde pas.

REMARQUE. Nous avons déja remarqué qu'Hagiage eſtoit un Gouverneur de l'Arabie, & qu'il y avoit exercé de grandes cruautés.

On demandoit à Alexandre le Grand par quelles voïes il eſtoit arrivé au degré de gloire & de grandeur où il eſtoit. Il répondit: Par les bons traittemens que j'ai faits à mes ennemis, & par les ſoins que j'ai pris de faire en ſorte que mes amis fuſſent conſtans dans l'amitié qu'ils avoient pour moi.

Alexandre le Grand eſtant avec ſes Generaux, un d'eux lui dit: Seigneur, Dieu vous a donné un grand & puiſſant Empire; prenés pluſieurs femmes, afin que vous aïés pluſieurs fils, & que par eux voſtre nom demeure à la poſterité. Alexandre répondit : Ce ne ſont pas les fils qui perpetuent la memoire des peres, ce sont les bonnes actions & les bonnes mœurs. Il ne seroit pas aussi de la grandeur d'un Conquerant comme moi de se laisser vaincre par des femmes après avoir vaincu tout l'Univers.

Sous le regne de Sultan Mahmoud Sebekteghin Fakhr-eddevlet Roi d'Ispahan, de Reï, de Kom, de Kaschan & de la Province du Cahistan dans le Khorassan, mourut & laissa pour successeur Meged-eddevlet son fils en bas-âge. Pendant sa minorité, Seïdeh sa mere Princesse d'une sagesse extraordinaire, gouverna avec l'approbation generale de tous les peuples du Roïaume. Lors qu'il eut atteint l'âge de regner par lui-mesme, comme il ne se trouva pas avoir la capacité necessaire pour soustenir un fardeau si pesant, on lui laissa seulement le titre de Roi pendant que

Seïdeh continua d'en faire les fonctions. Sultan Mahmoud Roi du Maverannahar, du Turquestan, de la plus grande partie du Khorassan & des Indes, enflé de la possession de ces puissans Estats, envoïa un Ambassadeur à cette Reine, pour lui signifier qu'elle eust à le reconnoistre pour Roi, à faire prier à son nom dans les Mosquées du Roïaume qui dépendoit d'elle, & de faire frapper la monnoïe à son Coin. Si elle refusoit de se soumettre à ces conditions, qu'il viendroit en personne s'emparer de Reï & d'Ispahan, & qu'il la perdroit. L'Ambassadeur estant arrivé présenta la Lettre remplie de ces menaces dont il estoit chargé. La Lettre fut lûë, & Seïdeh dit à l'Ambassadeur : Pour réponse à la Lettre de Sultan Mahmoud, vous pourrés lui rapporter ce que je vas vous dire : Pendant que le Roi mon mari a vécu, j'ai toûjours esté dans la crainte que vostre Maistre ne vint attaquer Reï & Ispahan. Mais, d'abord qu'il fut mort cette crainte s'évanoüit; parce que Sultan Mahmoud estant un Prince très-sage, je m'estois persuadée qu'il ne voudroit pas emploïer ses armes contre une femme. Puisque je me suis trompée, je prens Dieu à témoin que je ne fuirai pas s'il vient m'attaquer, & que je l'attendrai dans une bonne contenance pour décider de mes prétentions & de mon bon droit par les armes. Si j'ai le bonheur de remporter la victoire, je ferai connoistre à tout l'Univers que j'aurai soumis le grand Sultan Mahmoud, & ce sera pour moi une gloire immortelle d'avoir vaincu le Vainqueur de cent Rois. Si je succombe, Sultan Mahmoud ne pourra se vanter que d'avoir vaincu une femme.

REMARQVES. Seïdeh estoit fille d'un oncle de la mere de Kikiaous Roi du Mazanderan, comme il le marque lui-mesme en rapportant ce trait d'Histoire dans l'Instruction pour son fils, dont il a déja esté parlé. Le mesme trait est aussi rapporté dans l'Histoire choisie, qui est un abbregé de l'Histoire Mahometane en Persan.

Fakhr-eddevlet estoit Roi de Perse, le septiéme de la race de Boieh, qui commença à y regner l'an de l'Hegire 321. de J. C. 933. par Ali fils de Boieh, & Boieh se disoit descendre de Beheram Gour ancien Roi de Perse, de la race des Sasaniens. Fakhr-eddevlet regna onze ans & mourut l'an 387. de J. C. 997. Saheb Ismail fils d'Ibad, qui faisoit porter sa Bibliotheque en campagne par quatre cent chameaux, comme nous l'avons marqué ci-dessus, estoit son Grand Vizir.

Seïdeh desarma Mahmoud Sebekteghin par sa fermeté & par sa réponse. Mais, d'abord qu'elle fut morte il détrôna Megededdevlet & le fit mourir en prison.

On demandoit à un Arabe ce qu'il lui sembloit des richesses. Il répondit : C'est un jeu d'enfant, on les prent, on les donne ; on les donne, on les reprent.

Schems-elmaali Roi de Gergian & du Tabariftan, ou ce qui eft la mefme chofe, Roi du Mazanderan, avoit de très-belles qualités; mais, il eftoit emporté & faifoit mourir fes fujets pour la moindre chofe fur le champ; car il n'en envoïoit pas un feul en prifon pour garder au moins quelque forme de juftice. A la fin, fes fujets laffés de le fouffrir mirent la main fur lui, & en l'enfermant dans une prifon où il mourut, ils lui dirent : Voila ce qui vous arrive pour avoir ofté la vie à tant de monde. Il repartit : C'eft pour en avoir fait mourir trop peu ; car, je ne ferois pas ici aujourd'hui, fi je n'en avois pas épargné un feul de vous tous.

REMARQUE. Schems-elmaali s'appelloit chems-elmaali Cabous, & estoit grand pere de Kikiaous Auteur de l'Instruction dont nous avons déja parlé plus d'une fois, qu'il a intitulée Cabous-nameh pour lui faire honneur. Il mourut de froid dans cette prison l'an 403. de l'Hegire, parce qu'on l'y mit en deshabillé, dans le mesme estat qu'on l'avoit surpris, & on l'y laissa sans lui donner seulement ce qu'on donne aux chevaux pour litiere, quoi qu'il le demandast en grace, & ce qu'on donne aux chevaux pour litiere dans le Levant est de la fiente de cheval seche. Schems-elmaali estoit savant en Astronomie & en plusieurs autres sciences, & il a laissé des ouvrages Persans en Prose & en Vers.

Nouschirvan Roi de Perse demanda à un Empereur des Grecs par un Ambassadeur, par quels moïens il estoit si ferme & si stable dans son Empire ? L'Empereur lui fit réponse : Nous n'emploïons que des personnes experimentées dans l'administration de nos affaires. Nous ne promettons rien que nous ne le tenions. Nous ne chastions pas suivant la grandeur de nostre colere; mais seulement suivant l'énormité des crimes. Nous ne donnons les charges qu'aux personnes de naissance, & nous ne prenons conseil que des personnes de bon sens.

Le mesme Nouschirvan voulut qu'on gravât ce mot sur son tombeau : Tout ce que nous avons envoïé avant nous, est nostre Thresor; celui qui récompense plustost le mal que le bien, est indigne de vivre tranquillement.

REMARQUE. Par cette expression : Tout ce que nous avons envoïé avant nous, Nouschirvan a voulu dire : Toutes nos bonnes œuvres.

Platon disoit : La Faim est un nuage d'où il tombe une pluïe de science & d'éloquence. La Satieté est un autre nuage qui fait pleuvoir une pluïe d'ignorance & de grossiereté. Il disoit encore : Quand le ventre est vuide, le orps devient esprit, & quand il est empli, l'esprit devient corps. Il disoit aussi : L'ame trouve son repos en dormant peu, le cœur dans e peu d'inquietudes & la langue ans le silence.

REMARQUE. Je ne sache pas que ces aroles remarquables de Platon se lisent dans s ouvrages, ou se trouvent dans aucun de os Auteurs anciens. Je les ai trouvées dans un recueil de differentes matieres en Arabe, n Persan & en Turc que que j'ai apporté e Constantinople. A chaque article le Collecteur cite l'Auteur d'où il l'a tiré, excepté en quelques endroits, comme en celui-ci qui 'a paru digne d'avoir ici sa place.

Un Poëte lisoit à un Emir des ers qu'il avoit faits à sa loüange, & à mesure qu'il lisoit, l'Emir lui disoit : Cela est bien, cela est bien. Le Poëte acheva de lire, mais il ne lui dit autre chose. A ce silence le Poëte lui dit : Vous dites : Cela est bien, cela est bien ; mais, la farine ne s'achete pas avec cela.

REMARQUE. Par le nom d'Emir, il faut entendre un General d'armée ou un Gouverneur de Province.

On disoit à Alexandre le Grand qu'un Prince qu'il avoit à vaincre estoit habile & experimenté dans la guerre, & on ajoutoit qu'il seroit bon de le surprendre & de l'attaquer de nuit. Il repartit : Que diroit-on de moi, si je vainquois en voleur.

On demanda à un Sage ce que c'estoit qu'un ami ? Il répondit : C'est un mot qui n'a point de signification.

Le Sage Locman estant au lit de la mort fit venir son fils, & en lui donnant sa benediction, il lui dit : Mon fils, ce que j'ai de plus particulier à vous recommander en ces derniers momens, est d'observer six maximes qui renferment toute

toute la morale des anciens & des modernes.

N'aïés de l'attache pour le monde qu'à proportion du peu de durée de voſtre vie.

Servés le Seigneur voſtre Dieu avec tout le zele que demandent les beſoins que vous avés de lui.

Travaillés pour l'autre vie qui vous attent, & conſiderés le temps qu'elle doit durer.

Efforcés-vous de vous exempter du feu, d'où jamais on ne ſort quand une fois on y a eſté précipité.

Si vous avés la témerité de pecher, meſurés auparavant les forces que vous aurés pour ſupporter le feu de l'Enfer & les chaſtimens de Dieu.

Quand vous voudrés pecher, cherchés un lieu où Dieu ne vous voïe pas.

REMARQUE. Les Orientaux ont un recueil de Fables sous le nom de Locman, qu'ils appellent le Sage, & ce qu'ils en disent a beaucoup de conformité avec ce que les Grecs disent d'Esope. Ils ne conviennent ni du temps auquel il vivoit ni du païs d'où il estoit. Il y en a qui avancent que c'estoit un Patriarche, & qu'il estoit fils d'une sœur de Job, & d'autres écrivent qu'il estoit contemporain de David, & qu'il a demeuré trente ans à sa Cour. La plus grande partie asseurent que c'estoit un Abissin, & par consequent qu'il estoit Noir Esclave d'un Marchand. Mais, tous ceux qui en parlent conviennent qu'il estoit d'une grande prudence & d'une sagesse consommée, accompagnée d'une vivacité d'esprit extraordinaire. Son tombeau, à ce qu'ils disent est à Remleh, qui est ce que nous appellons Rama dans la Terre Sainte, entre Hierusalem & Japha. Mahomet a parlé de lui dans le trente-uniéme Chapitre, ou autrement, dans la trente-uniéme Sourate de l'Alcoran, qu'on appelle la Sourate de Locman.

On demandoit au mesme Locman de qui il avoit appris la vertu. Il répondit : Je l'ai apprise de ceux qui n'en avoient pas ; car, je me suis abstenu de tout ce que j'ai remarqué de vitieux dans leurs actions.

Ali recommandoit à ſes fils Haſſan & Huſſein de pratiquer ce qui ſuit, & il leur diſoit : Mes enfans, ne mépriſés jamais perſonne. Regardés celui qui eſt au deſſus de vous comme voſtre pere, voſtre ſemblable comme voſtre frere, & voſtre inferieur comme voſtre fils.

Hagiage qui fut depuis Gouverneur de l'Arabie, aſſiegeoit la Ville de la Mecque, & Abd-ullah fils de Zebir la deffendoit. Abd-ullah rédui à l'extremité, & voïant qu'il alloit eſtre forcé ſe retira chez lui. Sa mere lui dit : Mon fils, ſi c'eſt pour le bon droit que vous combattés, il ne peut ſe maintenir que par voſtre bras. Retournés donc au combat, & conſiderés que vous serés un Martyr si vous succombés. Abd-ullah répondit : Ma mere, je ne crains pas la mort; mais, je crains d'avoir la teste coupée après ma mort. La mere reprit : Mon fils, le mouton égorgé ne sent pas de douleur quand on l'éorche.

REMARQUES. Après la mort du Calife Maavia fils d'Iczid, cet Abd-ullah s'estoit emparé de la Mecque & de ses dépendances & d'autres païs, & il s'y maintint plus de neuf ans, jusques à ce qu'il fut tué dans le dernier assaut en deffendant la Place. Après sa mort, Hagiage lui fit couper la teste, qu'il envoïa à Medine, & fit mettre son corps en croix.

Ce siege de la Mecque & la mort de cet Abd-ullah arriverent l'an 71. de l'Hegire & de J. C. l'an 690.

Les Mahometans ne font point de guerre où la Religion ne soit meslée, c'est pourquoi ils croïent que tous ceux qui y sont tués sont Martyrs.

Le Calife Mehdi pere du Calife Haroun-erreschid estoit dans le Temple de la Mecque, & disoit à un certain Manfour : Si vous avés befoin de quelque chofe, demandés-le moi. Manfour répondit : Ce feroit une honte pour moi de demander mes befoins dans le Temple de Dieu à un autre qu'à Dieu.

REMARQUE. Suivant la tradition des Mahometans, le Temple de la Mecque eft le premier Temple confacré à Dieu, & ils veulent qu'il ait efté bafti par Adam & rebafti enfuite par Abraham & par Ifmaël. C'eft pour cela qu'ils y vont en pelerinage par un des cinq préceptes de leur Religion.

Le Calife Haroun-erreschid voulant récompenfer Bakht-Ieschoua qui l'avoit gueri d'une apoplexie, le fit fon Medecin, & lui donna les mefmes appointemens qu'à fon Capitaine des Gardes du Corps, en difant : Mon Capitaine des Gardes du Corps, garde mon corps ; mais, Bakht-Ieschoua garde mon ame.

REMARQUE. Bakht-Ieschoua est le mesme que George fils de Bakht-Ieschoua de qui il est parlé ci-devant. Il estoit fort jeune lors qu'il guerit Haroun-erreschid de cette apoplexie, & ce fut le commencement de sa fortune à la Cour des Califes.

Le Calife Mamoun fils d'Haroun-erreschid prenoit un grand plaisir à pardonner, & il disoit: Si l'on savoit le plaisir que je me fais de pardonner, tous les criminels viendroient à moi pour sentir l'effet de ma clémence.

REMARQUE. Mamoun n'estoit pas seulement un Prince doux, bon & clément, comme il paroist par ce trait de son Histoire ; mais, encore, il estoit liberal & très-habile dans l'art de gouverner. Avec cela, il a encore esté le plus docte de tous les Califes, & comme il aimoit la Philosophie & les Mathematiques, il fit traduire du Grec & du Syriaque en Arabe plusieurs Livres de ces sciences. Il estoit mesme bon Astronome, & il dressa ou fit dresser des Tables Astronomiques, qui furent appellées les Tables de Mamoun.

Le Calife Vathik Billah estant à l'article de la mort, dit : Tous les hommes font égaux & compagnons au moment de la mort. Sujets, Rois, personne n'en est exempt. Il ajoûta en s'addressant à Dieu : Vous de qui le Roïaume n'est point perissable, faites misericorde à celui de qui le Roïaume est perissable.

REMARQUE. Le Calife Vathik Billah étoit petit fils du Calife Haroun-Errefchid & neveu de Mamoun. Son pere auquel il avoit succedé s'appelloit Mutassem Billah. Il estoit vaillant & liberal, & comme il estoit amateur de la Poësie, les Poëtes estoient bien venus à sa Cour, & il leur faisoit du bien. Il ne regna que cinq ans & quelques mois & mourut l'an de l'Hegire 231. de J. C. 845.

Le Calife Mutezid Billah avoit besoin d'argent pour les préparatifs d'une campagne, & on lui dit qu'un Mage qui demeuroit à Bagdad avoit de grosses sommes en argent comptant. L'aïant fait appeller il lui en demanda à emprunter, & le Mage lui répondit que le tout estoit à son service. Sur cette bonne foi le Calife lui demanda s'il se fioit bien à lui & s'il ne craignoit point que son argent ne lui fust pas rendu. Il répondit : Dieu vous a confié le commandement de ses serviteurs & les Païs qui reconnoissent vostre puissance; il est public aussi qu'on peut se fier à vostre parole, & vous gouvernés avec justice. Après cela, puis-je craindre de vous confier mon bien ?

REMARQUE. Ce Calife mourut à Bagdad l'an de l'Hegire 289. de J. C. l'an 901.

Gelal-eddevlet Melec Schah un des premiers Sultans de la famille des Selgiucides, qui ont regné dans la Perse, fit un jour sa priere à Mesched dans le Khorassan au Tombeau d'Ali Riza, dans le temps qu'un de ses freres s'estoit rebellé contre lui. En sortant

sortant de la priere, il demanda à son grand Vizir s'il devineroit bien ce qu'il avoit demandé à Dieu ? Le grand Vizir répondit : Vous lui avés demandé qu'il vous donne la victoire contre voſtre frere. Le Sultan repartit : Je n'ai pas fait cette demande ; mais, voici ma priere : Seigneur, ſi mon frere eſt plus propre que moi pour le bien des Muſſulmans, donnés-lui la victoire contre moi ; ſi je ſuis plus propre que lui, donnés-moi la victoire contre lui.

REMARQUE. Ces Sultans ou ces Rois Selgiucides prennent leur nom de Selgiouc chef d'une puiſſante inondation de Turcs, qui paſſerent en deça de l'Oxus dans le Khoraſſan ſous le regne de Mahmoud Sebecteghin de qui il eſt fait mention ci-deſſus. Dogrulbeg petit fils de Selgiouc commença leur Empire, qui fut partagé en pluſieurs branches, l'an 429. de l'Hegire, de J. C. l'an 1037. Quelques-uns de nos Auteurs, par une grande corruption, l'ont appellé *Tangrolipix*, & M. Beſpier dans ſes Notes ſur l'Eſtat de

P

l'Empire Ottoman de M. Ricaut, s'eſt donné beaucoup de peine pour en trouver la correction. Celle qu'il a donnée de Togrulbeg eſt la meilleure, & il auroit trouvé auſſi Dogrulbeg s'il avoit ſu que les Turcs prononcent le Ti des Arabes comme un D. mais, il ne pouvoit pas le ſavoir, puis qu'il n'avoit appris le peu de Turc qu'il ſavoit qu'en Normandie. Ce mot ne vient pas auſſi de Tangri qui ſignifie Dieu en Turc, comme il le prétent; mais, de *dogru* qui ſignifie droit, & Dogrulbeg ſignifie, le Seigneur droit. Gelaleddevlet Melek-Schah, qu'un autre Auteur appelle Gelal-eddin, fut le troiſiéme Sultan après Dogrulbeg, & mourut l'an de l'Hegire 485. de J C. 1092.

Le Calife Soliman, qui eſtoit bien fait de ſa perſonne, ſe regardoit dans un miroir en préſence d'une de ſes Dames, & diſoit: Je ſuis le Roi des jeunes gens. La Dame repartit : Vous ſeriés la marchandiſe du monde la plus belle & la plus recherchée, ſi vous deviés vivre toûjours; mais, l'homme n'eſt pas éternel, & je ne ſache pas d'autre defaut en vous que celui d'eſtre periſſable.

REMARQUE. Le Calife Soliman estoit le septiéme de la race des Ommiades qui regnerent avant les Abassides. Il mourut l'an 99 de l'Hegire, de J. C. l'an 717.

Au retour du siege de Moussoul, qui ne lui réussit pas, Salahh-ddin Roi d'Egypte & de Syrie tomba dans une maladie très-dangereuse, dont peu s'en fallut qu'il ne mourût. Nassir-eddin Mehemmed son cousin en aïant eu la nouvelle, écrivit aussi-tost à Damas de la Ville d'Hims où il estoit, pour solliciter ceux qu'il croïoit lui estre favorable de songer à le déclarer Sultan, au cas que Salahh-ddin vint à mourir. Salahh-ddin ne mourut pas; mais, peu de temps après Nassir-eddin Mehemmed tomba malade & mourut lui-mesme. Salahh-ddin qui avoit esté informé de la démarche qu'il avoit faite, s'empara de ses richesses & de tous ses biens, & quelque temps après il voulut voir un fils âgé de dix ans qu'il avoit laiſſé en mourant. On le lui amena, & comme il ſavoit qu'on avoit ſoin de ſon éducation, il lui demanda où il en eſtoit de la lecture de l'Alcoran. Il répondit avec eſprit & avec une hardieſſe qui ſurprit tous ceux qui eſtoient préſens, & dit : J'en ſuis au verſet qui dit : Ceux qui mangent le bien des orphelins ſont des Tyrans.

REMARQUES. Salahh-ddin eſt le fameux Saladin de nos Hiſtoires des Croiſades, qui reprit Hieruſalem l'an 585. de l'Hegire, de J. C. l'an 1189 quatre ans après le ſiege de Mouſſoul, dont il eſt ici parlé, la ſeule de toutes les entrepriſes qu'il avoit faites juſques alors, qui ne lui réuſſit pas. Lorſqu'il fut arrivé devant la Place, Sultan Atabek Azz-eddin Maſoud lui demanda la Paix, en lui faiſant propoſer la ceſſion de toute la Syrie. Mais, Salahh-ddin perſuadé par ſon conſeil, s'obſtina à vouloir faire le ſiege qu'Azz-eddin ſouſtint ſi vigoureuſement, qu'il fut contraint de le lever avec honte, & de ſe retirer après avoir fait une Paix qui lui fut bien moins avantageuse que celle qui lui avoit esté offerte.

Hims est le nom que les Arabes donnent à la Ville d'Emesse en Syrie.

Dans une bataille que Ginghizkhan gagna, des Officiers de l'armée ennemie faisoient des actions surprenantes, & faisoient retarder le moment de la victoire. Ginghizkhan les vit, & dit en les admirant : Un Monarque qui a de si braves gens à son service peut vivre en seureté.

REMARQUES. Il n'y a presque que le petit nombre de ceux qui ont quelque intelligence des Livres Orientaux à qui Ginghizkhan soit bien connu. Neanmoins, le public peut esperer d'avoir bien tost le mesme avantage par l'Histoire que M. de la Croix le pere en a recueillie de differens Auteurs Arabes, Persans & Turcs qu'il doit faire imprimer. Cependant, aïant à rapporter en cet endroit quelques-unes de ses paroles remarquables tirées de Mirkhond un de ses Historiens, afin de donner des marques de sa grandeur, je dirai en passant que par ses conquestes il fut Empereur de la grande Tartarie, de la Chine, des Indes, de la Perse & de tous les

Païs qui sont au Sud de la Moscovie, au dessus de la Mer Caspienne & de la Mer Noire. Il regna vingt-cinq ans avec grand éclat, & mourut l'an de l'Hegire 624. de J. C. l'an 1226.

Il gagna la bataille dont il est ici parlé contre Taïank Khan Roi d'une bonne partie de la grande Tartarie, dans laquelle ce Roi fut blessé si dangereusement que peu de jours après il mourut de ses blessures. Cette victoire lui ouvrit le chemin à toutes les autres conquestes qui l'éleverent au point de grandeur qui a esté marqué.

Giougikhan prioit Ginghizkhan son pere de donner la vie à un Prince de Mecrit fort jeune & très adroit à tirer de l'arc, de qui le pere & deux freres venoient d'estre tués dans un sanglant combat. Ginghizkhan le refusa, & lui dit : Le peuple du Mecrit est de tout le monde le peuple à qui il faut le moins se fier. Le Prince pour qui vous me parlés n'est présentement qu'une fourmi ; mais, cette fourmi peut devenir un serpent. De plus, un

Prince n'a jamais moins à craindre d'un ennemi que lors qu'il l'a mis au fond d'un tombeau.

REMARQUES. Giougikhan estoit l'aîné des fils de Ginghizkhan qui lui donna le commandement absolu sur tous les Païs qui s'estendent depuis la grande Tartarie au dessus de la Mer Caspienne & de la Mer Noire, & une grande partie de la Moscovie y estoit comprise. Il mourut quelque temps avant la mort de Ginghizkhan.

Le Païs de Mecrit est une Province du Mogolistan dans la grande Tartarie, dont le Roi & le peuple avoient causé de grandes traverses à Ginghizkhan dans sa jeunesse, & qui estoient entrés dans toutes les ligues qui s'estoient formées contre lui. C'est pourquoi, il ne faut pas s'estonner qu'il n'ait pas voulu écouter les prieres de son fils Giougi pour sacrifier ce jeune Prince à son ressentiment.

Un jour Ginghizkhan voïant ses fils & ses parens les plus proches assemblés autour de lui, tira une flèche de son Carquois & la rompit. Il en tira deux autres qu'il rompit de mesme tout à la fois. Il fit la mesme chose de trois & de quatre. Mais enfin il en prit un si grand nombre qu'il lui fut impossible de les rompre. Alors, il leur tint ce discours, & dit : Mes enfans, la mesme chose sera de vous que de ces fléches. Vostre perte sera inévitable, si vous tombés un à un ou deux à deux entre les mains de vos ennemis. Mais, si vous estes bien unis ensemble, jamais personne ne pourra vous vaincre ni vous détruire. Pour leur persuader davantage qu'ils devoient vivre dans cette union, il leur disoit encore : Un jour qu'il faisoit grand froid, un serpent à plusieurs testes voulut entrer dans un trou pour se mettre à couvert & s'empescher d'estre gelé. Mais, à chaque trou qu'il rencontroit, les testes s'embarrassoient tellement l'une avec l'autre, qu'il lui fut impossible d'entrer dans aucun,

& qu'à la fin, aïant esté contraint de demeurer à l'air, le froid le saisit & le fit mourir. Dans le mesme temps, un autre qui n'avoit qu'une teste & plusieurs queuës se fourra d'abord avec toutes ses queuës dans le premier trou qu'il rencontra & sauva sa vie.

REMARQUE. Ginghizkhan réussit dans le dessein qu'il avoit conçû d'establir une bonne union dans sa famille, & après lui, elle dura une longue suite d'années dans sa posterité, qui conserva long-temps le grand & le puissant Empire qu'il avoit formé sous le commandement absolu d'un seul. Mais, celui qui avoit ce commandement ne gouvernoit point par droit de succession ni d'aisnesse; mais, par l'élection qui s'en faisoit du consentement de tous dans une assemblée generale pour joüir de la mesme autorité avec laquelle Ginghizkhan avoit regné. C'est ce que l'on verra plus amplement dans l'Histoire de Ginghizkhan & de ses successeurs, lors qu'elle sera mise au jour.

Ginghizkhan avoit pris à son service le Secretaire d'un Roi Mahometan qu'il avoit vaincu pour l'emploïer dans ses expeditions. Un jour, il eut à écrire au Roi de Mouffoul pour lui mander de donner paffage à un détachement de fes troupes qu'il avoit envoïé de ce cofté-là, & il fit venir ce Secretaire à qui il dit en termes fort précis ce qu'il vouloit que la Lettre contint. Le Secretaire accouftumé au ftile pompeux & rempli de titres emphatiques que tous les Princes Mahometans de ce temps-là fe donnoient, dreffa une Lettre en Arabe tiffuë de belles penfées & de mots recherchés, & la préfenta à Ginghizkhan pour avoir fon approbation. Ginghizkhan fe la fit interpreter en Mogol qui eftoit fa langue; mais, il la trouva d'un ftile oppofé à fon intention, & il dit au Secretaire que ce n'eftoit pas ce qu'il lui avoit dit d'écrire. Le Secretaire voulut fe deffendre, & dit que c'eftoit la maniere ordinaire d'écrire aux Rois. Ginghizkhan qui ne vouloit pas qu'on lui repliquât, repartit en colere : Tu as l'esprit rebelle, & tu as écrit en des termes qui rendroient Bedr-eddin (c'estoit le nom du Roi de Moussoul) plus orgueilleux en lisant ma Lettre & moins disposé à faire ce que je lui demande.

REMARQUES. Ginghizkhan ne se contenta pas de cette reprimende, il fit encore mourir le Secretaire pour avoir eu la hardiesse de ne pas faire précisément ce qu'il lui avoit commandé.

Bedr-eddin Roi de Moussoul n'avoit esté premierement que Ministre de ce Roïaume-là sous Azz-eddin Masoud de la race des Atabeks, auquel il succeda après sa mort. Il regna long-temps & mourut l'an de l'Hegire 659. de J. C. 1260.

Le Lecteur ne sera pas faché de trouver ici le contenu de la Lettre que Ginghizkhan écrivoit au Roi de Moussoul en son propre stile. Le voici tel qu'il est rapporté par Mirkhond : *Le grand Dieu nous a donné l'Empire de la surface de la terre à moi & à ma Nation. Tous ceux qui se soumettent sans se faire contraindre ont leur vie, leurs biens, leurs Estats. &*

leurs enfans saufs. Dieu qui est éternel sait ce qui doit leur arriver. Si Bedr-eddin se soumet & donne passage à nos troupes, il lui en arrivera bien. S'il fait le contraire; Que deviendront ses Estats, ses richesses & la Ville de Moussoul, lorsque nous y serons arrivés avec toutes nos troupes rassemblées? Ginghizkhan & ses successeurs ne prenoient pas d'autres titres que celui de Khan.

Ginghizkhan s'estant rendu maistre de la Ville de Bokhara, fit assembler les habitans, & en les haranguant, il leur dit entre autres choses : Peuple, il faut que vos pechés soient bien énormes, puisque c'est la colere de Dieu tout puissant qui m'a envoïé contre vous, moi qui suis un des fleaux de son Thrône.

REMARQUE. Bokhara est une Ville du Maverannahar ou de la Transoxiane, qui estoit très-grande, très-peuplée & très-opulente. Mais, Ginghizkhan après s'en estre rendu maistre y fit mettre le feu, & parce qu'elle n'estoit presque bastie que de bois, elle fut toute consumée en un seul jour, & il n'y resta sur pied que la grande Mosquée & quelques maisons basties de briques. Ogtaïkhan fils & successeur de Ginghizkhan la fit rebastir. Elle estoit encore illustre du temps de Tamerlan & de ses successeurs, & elle subsiste encore aujourd'hui sous le regne des Uzbecs.

Après la destruction de la Ville de Bokhara par Ginghizkhan on demanda dans le Khorassan à un des habitans qui s'y estoit refugié, si le desordre que les Mogols y avoient commis estoit aussi grand qu'on le publioit. Il répondit & en exprima la desolation en sa langue qui estoit Persane, en ce peu de mots : Ils sont venus, ils ont destrui, ils ont bruslé, ils ont tué, ils ont emporté.

REMARQUE. Après avoir parlé de l'incendie de Bokhara dans la Remarque precedente, pour dire un mot de l'effusion de sang que l'armée de Ginghizkhan y fit ; le jour qu'elle arriva devant la Place vingt mille hommes en sortirent à l'entrée de la nuit pour la surprendre. Mais, les Mogols les apperçurent, & ils en firent une si grande tuerie, qu'il n'en rentra dans la Ville qu'un très-petit nombre. Le lendemain au lever du Soleil, les habitans aïant obfervé de deffus leurs ramparts que la campagne paroiffoit comme un grand lac de fang (c'eft l'expreffion de Mirkhond) ils capitulerent & ouvrirent leurs portes.

Un Scheich d'une grande réputation & d'un profond favoir demeuroit dans la Ville de Kharezem Capitale du Roïaume du mefme nom, lorfque Ginghizkhan fortit de la grande Tartarie pour eftendre fes conqueftes du cofté du Couchant. Les Mahometans qui eftoient auprès de lui, aïant fu qu'il avoit refolu d'envoïer affieger cette Ville-là par trois Princes fes fils, le fupplierent d'avoir la bonté de faire avertir le Scheich de fe retirer ailleurs. Ginghizkhan leur accorda cette grace, & on donna avis à ce Scheich de fa part qu'il feroit fagement de fortir de la Ville pour ne pas eftre enveloppé

dans le malheur de ſes conci-
toïens s'il arrivoit que la Ville
fuſt forcée comme elle le fut,
parce qu'alors on feroit main-
baſſe ſur tous les habitans. Le
Scheich refuſa de ſortir, & fit
cette réponſe : J'ai des parens,
des alliés, des amis & des diſciples, je ſerois criminel non ſeu-
ment devant Dieu, mais encore
devant les hommes, ſi je les aban-
donnois.

REMARQUES. Ce Scheich qui s'appelloit Negem-eddin Kebri, fut tué dans le ſac
de Kharezem ; mais auparavant, quoi qu'il
fuſt dans une grande vieilleſſe ; neanmoins,
il ne laiſſa pas que de tuer pluſieurs Mogols
de ceux qui le forcerent dans ſa maiſon.

Sans parler des Kharezemiens qui furent tués dans le dernier aſſaut, par lequel
ils furent forcés après un ſiege de près de ſix
mois, Mirkhond rapporte que les Mogols
quand ils furent maiſtres de la Ville, en firent
ſortir tous les habitans, ſuivant leur couſtume
lors qu'ils prenoient une Place, qu'ils firent
eſclaves, ſavoir, les Marchands & les Artiſans
avec les femmes & les enfans qui eſtoient au
deſſous de quatorze ans, & que le reſte fut

distribué aux soldats pour les égorger. Il ajoûte que les soldats estoient au nombre de plus de cent mille, & que des Historiens assuroient que chaque soldat en avoit eu vingt-quatre en partage. Si cela estoit, plus de deux millions quatre cent mille ames auroient peri dans ce seul carnage. On pourroit douter qu'une Ville eust pû contenir tant de monde; mais, il faut considerer que la Ville estoit grande, puisque c'estoit une Capitale, & que les habitans des Villes voisines & les peuples d'alentour s'y estoient refugiés avant le siege.

Ginghizkhan estant à Bokhara après ses grandes conquestes en deça de l'Oxus, sur le point de retourner en son Païs dans la grande Tartarie où il mourut peu de temps après son arrivée, eut un entretien avec deux Docteurs Mahometans touchant leur Religion, dont il fut curieux d'avoir la connoissance; & à cette occasion il dit plusieurs paroles très-remarquables & de bon sens, qui meritent d'avoir ici leur place.

LE

Le Docteur Mahometan qui portoit la parole, lui dit : Les Muſſulmans reconnoiſſent un ſeul Dieu Créateur de toutes choſes, & qui n'a pas ſon ſemblable. A cela Ginghizkhan dit : Je n'ai pas de répugnance à croire la meſme choſe. Le Docteur pourſuivit : Dieu tout-puiſſant & très-ſaint a envoïé à ſes ſerviteurs un Envoïé, afin de leur enſeigner par ſon entremiſe ce qu'il falloit qu'ils obſervaſſent pour faire le bien & pour éviter le mal. Ce diſcours ne déplut pas à Ginghizkhan plus que le premier, & il y répondit en ces termes : Moi qui ſuis ſerviteur de Dieu, j'expedie tous les jours des Envoïés pour faire ſavoir à mes ſujets ce que je veux qu'ils faſſent ou qu'ils ne faſſent pas, & je fais des Ordonnances pour la diſcipline de mes armées. Le Docteur reprit la parole, & dit : Cet Envoïé a fixé de certains temps pour faire la Priere, & en ces temps-là il a commandé d'abandonner tout travail & toute occupation pour adorer Dieu. Voïant que Ginghizkhan agréoit cet article, il dit encore : Il a aussi prescrit de jeûner une Lune entiere chaque année. Ginghizkhan repartit : Il est juste de manger avec mesure l'espace d'une Lune pour reconnoistre les faveurs du Seigneur après en avoir emploïé onze à manger sans regle & sans ménagement. Le Mahometan continua, & dit : Le mesme Envoïé a aussi enjoint aux riches, par exemple, de vingt pieces de monnoie d'or d'en donner la moitié d'une chaque année pour le soulagement des pauvres. Ginghizkhan loüa fort ce Statut, & dit : Dieu éternel a créé toutes choses indifferemment pour tous les hommes ; c'est pourquoi il est raisonnable que ceux qui en sont partagés avantageusement en fassent part à ceux qui n'en ont pas. Le Docteur ajoûta que les Mahometans avoient encore un commandement exprès d'aller en pelerinage au Temple de Dieu qui estoit à la Mecque pour l'y adorer. Ginghizkhan répondit à cet article : Tout l'Univers est la Maison de Dieu. On peut arriver à lui de tous les endroits du monde, & Dieu peut m'écouter de l'endroit où je suis presentement, de mesme que du Temple que vous dites.

REMARQUES. Le Docteur qui avoit parlé dans cet entretien prétendoit conclure que Ginghizkan sur les réponses qu'il avoit faites estoit Mahometan. Mais, son Collegue soûtint le contraire ; parce que Ginghizkhan n'avoit pas reconnu la necessité de faire le pelerinage de la Mecque. Il avoit raison : Car, comme Mirkhond l'a remarqué, il est constant que Ginghizkhan n'a esté attaché à aucune Religion particuliere des peuples qu'il avoit subjugués, qu'il laissoit à chacun la liberté de profeſſer celle qu'il vouloit, & qu'il ne contraignoit perſonne d'embraſſer celle dont il faiſoit profeſſion. Au contraire, il avoit de la conſideration pour tous ceux qui avoient de la vertu, du ſavoir & du merite, ſans avoir égard à leur Religion, comme il paroit par ſon Hiſtoire. Et, comme le remarque encore Mirkhond, c'eſt une des grandes qualités qui le rendirent recommandable. A conſiderer ſa Religion en particulier de l'entretien qu'il eut avec ces Docteurs, des autres circonſtances de ſon Hiſtoire & de l'Hiſtoire de ſes ſucceſſeurs, il ſemble qu'on pourroit dire qu'elle n'avoit pas beaucoup dégeneré de celle que Japhet ou ſa poſterité avoit portée dans la Tartarie.

Soit que ce fuſt une opinion reçûë par les Arabes du temps de Mahomet, qu'Abraham & Iſmaël avoient baſti un Temple à Dieu à la Mecque, ou que Mahomet ait inventé le fait, c'eſt ce qui lui a donné lieu de faire un article de ſa Religion, par lequel il enjoint à tous ſes Sectateurs d'y aller en pelerinage au moins une fois en leur vie. Ils l'obſervent encore aujourd'hui, & il y en a peu de ceux qui en ont les moyens qui ne le faſſent, ou s'ils ne le font, qui ne croïent qu'ils y ſont obligés & qui n'aïent deſſein de le faire.

On rapporta à Ogtaïkhan fils de Ginghizkhan & ſon ſucceſſeur aux grands & puiſſans Eſtats qu'il avoit laiſſés, comme une nouvelle qu'on croioit devoir lui faire plaisir, qu'on avoit trouvé dans un Livre que le thresor d'Afrasiab ancien Roi du Turquestan estoit dans un certain endroit qui n'estoit pas éloigné de sa Capitale. Mais, il ne voulut pas en entendre parler, & il dit : Nous n'avons pas besoin du tresor des autres, puisque nous distribuons ce que nous avons aux serviteurs de Dieu & à nos sujets.

REMARQUES. Ogtaï estoit le troisiéme fils de Ginghizkhan, qui le déclara son successeur par son Testament preferablement à Giagaraï son second fils, qui se soumit à la volonté de son pere, & qui reconnut luimesme Ogtaï en cette qualité dans l'assemblée generale de tous les Estats, lors qu'il fut confirmé deux ans après la mort de Ginghizkhan. Cette Diete ou cette Assemblée n'avoit pû se tenir plustost, parce qu'il ne falloit pas moins de temps à tous ceux qui devoient la composer pour s'y rendre des extremités de l'Empire de Ginghizkhan. Ogtaïkhan mourut l'an de l'Hegire 639. de J. C. l'an 1241. C'estoit un Prince clement & pacifique, & sur toutes choses très-liberal;

comme on peut le remarquer par les articles qui suivent.

Ogtaï fut particulierement appellé Kaan au lieu de Khan; mais, ce fut par corruption & suivant la maniere plus grossiere des Mogols de prononcer ce mot au rapport de Mirkhond.

Un Marchand présenta à Ogtaïkhan un bonnet à la mode du Khorassan, & alors Ogtaïkhan estoit un peu échauffé de vin. Le bonnet lui plut, & il fit expedier au Marchand un billet pour recevoir deux cent balisches. Le billet fut dressé & livré; mais, les Officiers qui devoient compter la somme ne la païerent pas, croïant qu'elle estoit excessive pour un bonnet, & que le Khan dans l'estat où il estoit n'y avoit pas fait reflexion. Le Marchand parut le lendemain, & les Officiers présenterent le billet au Khan, qui se souvint fort bien de l'avoir fait expedier; mais, au lieu d'un billet de deux cent balifches, il en fit expedier un autre de trois cent. Les Officiers en differerent le païement de mefme qu'ils avoient different le païement du premier. Le Marchand en fit fes plaintes, & le Khan lui en fit faire un troifiéme de fix cent balifches, que les Officiers furent contraints de païer. Ogtaï, le Prince du monde le plus moderé, ne s'emporta pas contre eux, fur le retardement qu'ils avoient apporté à l'execution de fa volonté. Mais, il leur demanda s'il y avoit au monde quelque chofe qui fuft éternel? Les Officiers répondirent qu'il n'y en avoit aucune. Il reprit: Ce que vous dites n'eft pas veritable; car, la bonne renommée & le fouvenir des bonnes actions doivent durer éternellement. Cependant, par vos longueurs à distribuer les largesses que je fais, parce que vous vous imaginés que c'est le vin qui me les fait faire, vous faites voir que vous estes mes ennemis; puisque vous ne voulés pas qu'on parle de moi dans le monde.

REMARQUE. Une balische chez les Mogols valoit environ cinq cent livres de nostre monnoïe. Ainsi, de la somme qu'Ogtaï-Khan fit donner au Marchand pour le bonnet qu'il lui avoit présenté, on peut juger de sa liberalité. En voici un autre exemple qui n'est pas moins surprenant.

Un Persan de la Ville de Schiraz se présenta devant Ogtaï-khan, & lui dit que sur le bruit de ses largesses il venoit du milieu de la Perse implorer son secours pour s'acquitter d'une debte de cinq cent balisches. Ogtaï le reçut fort bien, & ordonna qu'on lui comptast mille balisches. Ses Ministres lui représenterent que ce n'estoit pas une largesse

largesse, mais une prodigalité, de donner plus qu'on ne demandoit. Ogtaï repartit : Le pauvre homme a passé les montagnes & les deserts sur le bruit de nostre liberalité, & ce qu'il demande ne suffit pas pour s'acquitter de ce qu'il doit, ni pour la dépense du voïage qu'il a fait & de celui qu'il a encore à faire pour retourner chez lui.

REMARQUE. Schiraz est la Capitale de la partie de tout le Roïaume de Perse, qui porte proprement le nom de Perse. Delà le Persan de qui il est ici parlé estoit allé presque à l'extremité de la grande Tartarie vers la Chine à la Cour d'Ogtaïkhan, & Ogtaïkhan eut égard à la confiance en sa liberalité avec laquelle il avoit entrepris un si grand voïage.

En passant par le Marché de Caracoroum sa Capitale, Ogtaïkhan vit des Jujubes, & commanda à un Officier de lui en acheter. L'Officier obéit & retourna avec une

R

charge de Jujubes. Ogtaï lui dit: A la quantité qu'en voila, apparemment qu'elles couſtent plus d'une baliſche ? L'Officier crut faire ſa cour, & dit qu'elles ne couſtoient que le quart d'une baliſche, & que c'eſtoit meſme plus que le double de ce qu'elles valoient. Ogtaï lui dit en colere : Jamais acheteur de ma qualité n'a paſſé devant la boutique de ce Marchand, & lui commanda en meſme temps de lui porter dix baliſches,

REMARQUE. Caracoroum dans la grande Tartarie eſtoit le lieu de la naiſſance de Ginghizkhan, & le patrimoine qui lui eſtoit échû après ſes anceſtres, dont il avoit fait la Capitale de ſon Empire. Sous le regne de ſes ſucceſſeurs elle devint une très-grande Ville par l'affluence des peuples qui y abordoient de tous les endroits du monde.

Un Marchand avoit perdu une bourſe remplie d'une ſomme conſiderable & d'un bon nombre de pierreries, & pour la retrouver plus facilement il fit publier qu'il en donneroit la moitié à celui qui la lui rapporteroit. Un Mahometan qui l'avoit trouvée la lui porta ; mais, il ne voulut lui rien donner, difant que le tout n'y eſtoit pas. L'affaire alla juſques à Ogtaïkhan qui voulut en prendre connoiſſance. Le Mahometan jura que la bourſe eſtoit en ſon entier & qu'il n'en avoit rien pris, & le Marchand ſouſtint par ſerment qu'il y avoit plus d'argent & plus de pierreries. Ogtaïkhan prononça, & dit au Mahometan : Emportés la bourſe, & gardés-là juſqu'à ce que celui à qui elle appartient vienne vous la demander. Pour le Marchand, qu'il aille chercher ailleurs ce qu'il a perdu ; car, de ſon propre aveu la bourſe n'eſt pas à lui.

Timour maistre de l'Anatolie après la défaite de Sultan Bajazet Ildirim, voulut voir le Scheichkoutb-eddin de Nicée, sur la réputation de sa doctrine & de la vie retirée dont il faisoit profession. Le Scheich prit la liberté de lui dire : C'est une indignité à un Conquerant de massacrer les serviteurs de Dieu & de saccager les Provinces comme vous le faites. Ceux qui aspirent à la gloire doivent s'abstenir de verser le sang innocent. La Religion Mussulmane dont vous faites profession demande que vous protegiés les Païs où elle est fleurissante. Timour répondit : Scheich, chaque campement que je fais, l'entrée de mon pavillon est ouverte le soir du costé du Levant, & le lendemain matin je la trouve ouverte du costé du Couchant. De plus, quand je suis monté à cheval, une cinquantaine de Cavaliers visibles à moi seul marchent devant moi & me servent de guides. Le Scheich reprit : Je croïois que vous estiés un Prince sage ; mais, ce que vous me dites me fait connoistre que je me suis trompé. Timour repartit : Comment ? Le Scheich repliqua : C'est que vous faites gloire de tout renverser comme le Demon.

REMARQUES. Timour est le veritable nom de Tamerlan, & le mot de Tamerlan est une corruption de Timour lenk, pour dire Timour le boiteux, nom qui lui fut donné apparemment de son temps par ceux qui avoient des raisons pour ne pas l'aimer. Mais, il ne devroit pas estre en usage parmi nous, qui n'en avons reçû aucun sujet de chagrin.

En venant de la Perse dans l'Anatolie, Timour entroit dans son pavillon par l'entrée qui regardoit le Levant, & en sortoit par le costé du Couchant, parce qu'il venoit en avançant vers le Couchant. Il n'avoit pas une meilleure réponse à faire au Scheich, c'est pourquoi il lui fit celle-ci par raillerie.

Timour estoit un jour au bain avec plusieurs de ses Emirs, parmi lesquels se trouvoit aussi Ahmedi Poëte Turc, qu'il avoit attiré auprès de lui comme un homme de Lettres & comme un bel esprit. Il demanda à Ahmedi : Si mes Emirs que voila estoient à vendre, à quel prix les metteriés-vous ? Ahmedi les mit chacun à tel prix qu'il lui plut, & quand il eut achevé, Timour lui demanda : Et moi, que puis-je valoir ? Il répondit ? Je vous mets à quatre-vingt aspres. Timour reprit : Vostre estimation n'est pas juste ? Le linge seul dont je suis ceint en vaut autant. Ahmedi répartit : Je parle aussi de ce linge; car, pour vostre personne vous ne valés pas une maille.

REMARQUES. Il estoit aisé que la conversation tombast sur ce sujet parmi des personnes chez qui les hommes se vendoient

& s'achetoient tous les jours, comme il se pratique encore aujourd'hui dans tout le Levant, & particulierement dans un bain où il estoit facile de juger de l'embonpoint & des defauts du corps d'un chacun.

Suivant ce qui a esté remarqué ci-devant, quatre-vingt aspres font quarante sols de nostre monnoie.

Timour ne se facha pas de la hardiesse du Poëte; au contraire, il entendit raillerie, & il ne se contenta pas de rire de sa plaisanterie; il lui fit encore présent de tout l'attirail de bain dont il se servoit en cette occasion, lequel consistoit en des bassins & en de grandes tasses d'or & d'argent & des vases de mesme matiere propres à verser de l'eau.

Les Mahometans hommes & femmes par bien-seance se ceignent dans le bain au dessous des espaules d'un linge qui est ordinairement de toile bleuë, dont ils sont enveloppés presque jusques aux pieds par devant & par derriere, de maniere que rien ne blesse la modestie. Ils appellent ce linge Fota, duquel mot Cogia Efendi s'est servi en rapportant cette plaisanterie. On se baigne dans l'eau froide avec la mesme reserve; mais, plustost avec le caleçon qu'avec le Fota. Si la mesme chose se pratiquoit en France, on ne reprocheroit pas aux Dames la promenade en Esté le long de la riviere hors de la porte de Saint Bernard.

Ahmedi estoit de la Cour de Sultan Bajazet Ildirim. Après que Timour se fut retiré de l'Anatolie, il se donna à Emir Soliman fils du mesme Bajazet, & lui dédia l'Histoire d'Alexandre le Grand en Vers, qu'il avoit composée sous le titre d'Iskender-nameh.

Un jour Timour expedia un Courier pour une affaire de consequence, & afin qu'il fist plus de diligence, il lui donna le pouvoir, quand il en auroit besoin, de prendre tous les chevaux qu'il rencontreroit en chemin, sans regarder à qui ils appartiendroient de tel rang que ce pust estre. En passant par une Prairie, le Courier vit de très-beaux chevaux, & voulut en prendre un à la place de celui sur lequel il couroit. Mais, les Palefreniers s'opposerent à l'execution de son dessein, & lui casserent la teste quand ils virent qu'il vouloit user de violence. Contraint de se retirer en cet estat, il montra sa teste ensanglantée à Timour, & se plaignit du mauvais traittement qu'on lui avoit fait. Timour en colere, commanda qu'on s'informaſt qui eſtoit le maiſtre des chevaux & qu'on le fiſt mourir lui & les Palefreniers. Ceux qui eurent cette commiſſion aïant appris qu'ils appartenoient au Mouphti Saad-eddin, ne voulurent pas executer l'ordre qu'ils avoient à cauſe de la dignité de la perſonne, qu'ils n'en euſſent donné avis à Timour, & qu'il ne leur euſt donné un autre ordre. La colere de Timour s'appaiſa quand il ſût que les chevaux appartenoient au Mouphti. Il fit venir le Courier, & lui dit : Si une ſemblable choſe eſtoit arrivée à mon fils Schahroch, rien ne m'auroit empeſché de le faire mourir. Mais, comment puis-je m'attaquer à un homme qui n'a pas ſon pareil au monde, à un homme de qui la plume ne commande pas feulement dans les Païs de ma domination ; mais encore au dehors & dans les climats où mon fabre ne peut arriver ?

REMARQUE. Ce Mouphti eſtoit d'un lieu aux environs d'Herat, qui s'appelloit Taftazan. A cauſe de ſon habileté on le conſultoit de tous les endroits où l'on faiſoit profeſſion de la Religion Mahometane ; c'eſt pourquoi Timour eut pour lui le reſpect qu'il s'eſtoit acquis par ſa grande autorité.

Mirza Omer petit fils de Timour, chaſſé des Eſtats que ſon grand pere lui avoit donné conjointement avec Mirza Miranſchah ſon pere & Mirza Ababckir ſon frere aiſné, ſe refugia au Khoraſſan auprès de Schahroch ſon oncle. Schahroch non content de l'avoir bien reçu, le fit encore Souverain du Mazanderan, qu'il conquit peu de temps après ſon arrivée. Mais, Mirza Omer ne fut pas pluſtoſt eſtabli dans ce Roïaume qu'il se revolta & qu'il déclara la guerre à Schahroch son oncle & son bienfacteur. Lorsque Schahroch reçut la nouvelle de sa rebellion, un de ses Officiers en qui il avoit beaucoup de confiance, & qui avoit esté d'avis de ne pas faire à ce Prince le bon traittement qu'il lui avoit fait, le fit souvenir de ce qu'il avoit eu l'honneur de lui dire sur ce sujet, sçavoir, qu'il n'y avoit pas d'apparence qu'il dust vivre en meilleure intelligence avec un oncle qu'il n'avoit vécu avec son pere & avec son frere, & remarquer en mesme temps que l'évenement faisoit voir qu'il ne s'estoit pas trompé. Schahroch lui dit : Nous ne lui avons pas fait de mal, & le Roïaume que nous lui avons donné n'estoit pas à nous. Sachés que les Roïaumes sont à Dieu ; il les donne & il les oste à qui bon lui semble.

REMARQUE. Mirza Omer ne profita pas long temps de son ingratitude ; car, Schahroch le vainquit dans une bataille presque sans coup ferir. Comme il avoit pris la fuite au travers des Estats de Schahroch, il y fut arresté & amené au vainqueur avec une grande blessure qu'il avoit reçuë en se deffendant contre ceux qui l'avoient arresté. Schahroch eut encore la bonté de lui donner un Medecin & un Chirurgien, & de l'envoïer à sa Capitale pour y estre traitté. Mais, il mourut en chemin.

Schahroch donnoit les Roïaumes qui dépendoient de lui à ses fils, à ses parens ou à ses Emirs ; mais ordinairement, à la charge d'un tribut & de fraper la monnoïe à son Coin. Alors, il donnoit à chacun les avis dont il croïoit qu'ils avoient besoin pour bien gouverner, & la pluspart de ces avis ont esté recueillis par Abdurrizzac Efendi son Historien. Il dit à son fils Mirza Ulug Beg en se faisant Roi du Maverannahar ou de la Transoxiane & du Turquestan : Le Tout-puissant nous a fait le présent relevé dont nous joüissons, & nous a gratifié de l'autorité absoluë que nous avons en main, sans avoir égard à nos foiblesses ni à nos defauts. Le Souverain penetré de quel prix est un Empire, doit premierement lui rendre graces de ses bien-faits. Ensuite, il faut qu'il ait de la tendresse & de la compassion pour tous ceux qui sont dans la necessité, & qu'il se souvienne que Dieu a dit au Prophete David qu'il l'avoit establi son Lieutenant sur la terre afin qu'il rendist la justice aux hommes. Aïés de la veneration & du respect pour les Savans, & ne vous écartés pas des préceptes de la Loi ni des décisions de ceux qui l'ont

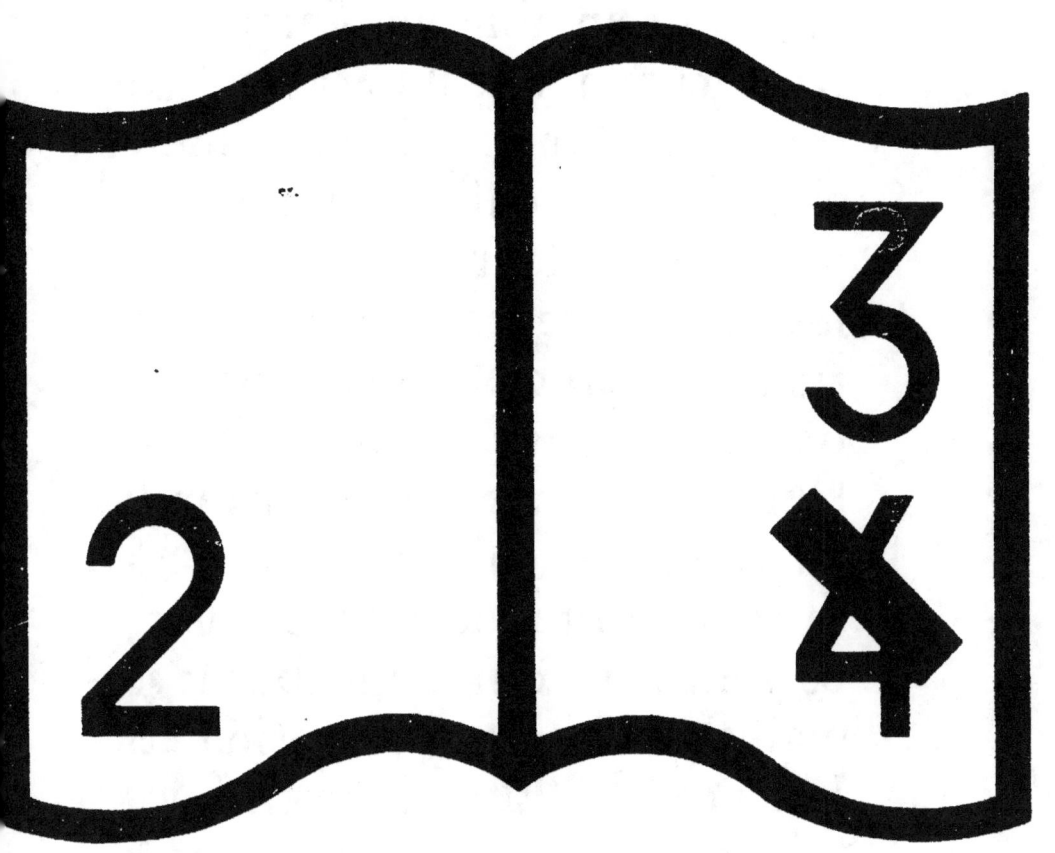

Pagination incorrecte — date incorrecte

NF Z 43-120-12

expliquée. Maintenés toûjours ceux qui en sont les Interpretes dans leurs honneurs & dans leurs dignités. Appliqués-vous fortement à faire ensorte que les Juges fassent leur devoir suivant les Loix. Prenés sous vostre particuliere protection les peuples de la campagne, afin qu'on ne leur fasse aucune vexation; mais au contraire, afin qu'on leur fasse toute sorte de justice. Car, ce sont eux qui contribuent au maintien & à l'augmentation des Finances de l'Estat. Gouvernés vos soldats avec un visage ouvert & de douces paroles ; parce qu'ils sont la force & le soustien d'un Roïaume. Prenés aussi le soin que la païe leur soit faite dans le temps, & augmentés le salaire de ceux qui font des actions de distinction, & qui exposent leur vie pour la conservation publique. Mais, chastiés ceux qui manquent à leur devoir. Enfin, en quelque rencontre que ce soit, ne vous écartés pas de la droiture, & commettés la garde de vos confins à des Gouverneurs d'une experience consommée, & qui aïent soin de bien entretenir les Places fortes.

REMARQUES. Ulug Beg aisné des fils de Schahroch regna long-temps dans le Roïaume du Maverannahar & du Turquestan pendant le regne de son pere. Après sa mort, il eut quelques guerres à soustenir pour la succession des Estats qu'il lui avoit laissés en mourant, dont il ne fut pas long-temps en possession par les factions qui se formerent contre lui ; mais, particulierement par la revolte de son propre fils Mirza-Abd-ulletif. Car, ce fils dénaturé lui fit la guerre, le vainquit & commit en sa personne en le faisant mourir un parricide d'autant plus détestable, qu'il s'estoit acquis non seulement par sa valeur ; mais encore par sa bonté, par sa sagesse, & sur tout par sa doctrine & par l'amour qu'il avoit pour les Lettres & pour les Savans, une reputation qui l'avoit distingué pardessus tous les autres Princes de son temps. En effet, parmi les Mahometans & parmi les Chrestiens on parlera toûjours de l'Observatoire qu'il fit bastir à Samarcande, des Mathematiciens & des Astronomes qu'il y avoit attirés & qu'il y entretenoit, & des Observations dont les Tables Astronomiques qu'ils mirent au jour sous son nom furent le fruit.

Comme l'Alcoran est le fondement de la Religion & des Loix Civiles des Mahometans, les Interpretes de ce Livre se sont acquis une grande autorité parmi eux. C'est pourquoi, Schahroch qui ne l'ignoroit pas, & qui estoit lui-mesme très-religieux observateur de ce qu'il contient, recommande à son fils d'avoir de la veneration pour eux & de les maintenir dans leurs honneurs & dans leurs dignités, comme un des principaux moïens pour se faire aimer des peuples. Car les peuples ont de la peine à souffrir patiemment qu'on méprise & qu'on maltraite les chefs & les administrateurs de leur Religion.

Le mesme Schahroch dit à Mirza Mehemmed Gehanghir un de ses petits neveux en lui donnant un Estat considerable sous les conditions marquées ci-devant : Afin que vous vous comportiés comme vous le devés, considerès que Dieu ne prive jamais ceux qui font le bien de la la récompense qu'ils meritent. Soïés clement & bon envers ceux qui dépendent de vous, parce que ce sont des créatures de Dieu. Commandés à vos Officiers de ne les pas maltraitter, de soulager les pauvres & d'observer les Loix & les Ordonnances. Pour ce qui vous regarde en particulier, ne faites rien qu'avec prudence & avec sagesse, & aïés toûjours devant les yeux les bons avis que je vous donne.

Il dit aussi à Mirza Kidou autre de ses petits neveux en lui donnant le Roïaume de Candahar & ses dépendances. Exercés la justice, ne faites pas de vexations, ni d'injustices, ni de tyrannies; parce que c'est un chemin par où vous vous perdriés. N'oubliés pas que les Roïaumes gouvernés par des Princes justes & équitables, quoi qu'infidelles, ne laissent pas que d'estre de longue durée ; mais, que le regne des Tyrans ne subsiste pas long-temps. Comportés-vous en toutes choses avec moderation & avec sagesse. Aïés soin de vostre reputation & attirés-vous la benediction de vos sujets par vos liberalités & par vos bien-faits. C'est par-là que vous regnerés long-temps.

REMARQUES. Mirza Kidou estoit fils de Mirza Pir Mehemmed fils de Mirza Gehanghir l'aisné des fils de Timour, & Mirza Gehanghir estoit mort dans le temps que son pere vivoit encore. Aprés sa mort, Timour avoit donné le Roïaume de Candahar à Mirza Pir Mehemmed, qui avoit fait sa Capitale de la Ville de Balkh. Mais, son regne ne fut pas de longue durée aprés la mort de Timour ; car, il fut assassiné par Pir Ali Taz sur lequel il s'estoit remis du Gouvernement de ses Estats. Schahroch chastia ce rebelle, & donna premierement Balkh & ses dépendances à Mirza Kidou, & quelque temps aprés le Roïaume de Candahar. Mais, ce Prince ne profita pas des avis de Schahroch comme il le devoit. Il se rebella quelques années aprés ; mais, il fut pris & arresté, &

Schahroch se contenta de le renfermer dans une prison.

Les Mahometans, quoique faussement, sont persuadés qu'ils sont dans la bonne Religion, & savent que les Rois justes des autres Religions, comme des Païens & des Chrestiens, ont regné & regnent long-temps. C'est pour cela qu'ils ont fait la maxime dont Schahroch se sert ici pour persuader à Mirza Kidou qu'étant dans la bonne Religion, comme il le croïoit, son regne, à plus forte raison, seroit d'une longue durée par une bonne administration de la justice.

Il dit de mesme à Mirza Baïxra autre de ses parens en lui donnant les Estats d'Hamadan & du Loristan : Exercés la justice envers les peuples que je vous confie, gouvernés-les paisiblement & doucement, & prenés garde que personne n'entreprenne de les maltraitter. Aïés les mesmes égards pour les pauvres & pour les foibles que pour les riches & pour les grands. Protegés les Marchands & les Negotians. Ce sont les oiseaux des Eſtats. Ils y portent l'abondance par le trafic qu'ils y font.

REMARQUES. Mirza Baïkra n'eut pas plus d'exactitude que Mirza Kidou à profiter des leçons de Schahroch. Il fut rebelle comme lui. Mais, Schahroch eut pour lui la meſme indulgence qu'il avoit euë pour Mirza Kidou.

En appellant les Marchands les oiſeaux des Eſtats, Schahroch entent parler de ceux qui tranſportent des Marchandiſes de Roïaumes en Roïaumes, comme il ſe pratique encore aujourd'hui par tout le Levant.

Il dit encore à Mirza Ibrahim Sultan ſon fils en l'eſtabliſſant Roi de Perſe dans la Ville de Schiraz : La ſplendeur la plus brillante d'un Roïaume conſiſte à avoir des troupes nombreuſes & un grand attirail de train, de ſuite & d'équipage ; mais, ſa force principale eſt d'avoir un bon Conſeil, de tenir les frontieres fortifiées & les paſſages bien gardés, de ne pas fouler les ſujets & de maintenir la Religion. Graces à Dieu, mon fils, je fai que vous n'avés pas besoin de conseils. Neanmoins, la tendresse paternelle m'oblige de vous dire que vous devés faire ensorte que vos sujets vous benissent sous l'ombre de vostre clémence & de vostre bonté, & qu'ils goustent parfaitement les plaisirs d'une vie sûre & tranquille & d'un bon gouvernement. Pour cela, aïés soin que vos Officiers n'exigent rien d'eux qu'avec justice, & qu'ils n'excedent pas les reglemens establis dans l'exaction des revenus du Roïaume. Par cette conduite, on nous estimera vous & moi, on nous loüera, on nous benira, on nous souhaitera toutes sortes de bonheurs, & ces puissans motifs feront que jamais nous ne cesserons de faire nostre devoir. J'espere que vous pratiquerés toutes ces choses ; car, je suis persuadé que vous aspirés à la gloire des Monarques les plus puissans de la terre.

REMARQUE. Mirza Ibrahim Sultan fit un bon usage de la bonne éducation que Schahroch lui avoit donnée & de ces bons avis qu'il y ajouta en le faisant Roi de Perse l'an 827. de l'Hegire, & de J. C. l'an 1414. Il tint son siege dans la Ville de Schiraz, où il mourut l'an 838. de l'Hegire, de J. C. l'an 1434. que Schahroch son pere vivoit encore. Il aimoit la vertu & ceux qui en faisoient profession ; mais, particulierement les Savans ausquels il faisoit de grandes largesses. Sur tout, il en combla Scheref-eddin Ali de la Ville d'Iezd, qui a écrit la vie de Timour ou de Tamerlan en Persan, que M. de la Croix le fils a mise en François, dans l'intention de faire voir au public l'Histoire la plus accomplie de ce Conquerant ; toutes celles qui ont esté publiées jusques à present estant très-défectueuses en plusieurs manieres.

Avant que de donner le Roïaume de Perse à Mirza Ibrahim Sultan, Schahroch en avoit disposé en faveur de Mirza Iskender un de ses neveux. Mais, Mirza Iskender ne garda pas long-temps la fidelité qu'il devoit. Schahroch ne voulut pas ajouter foi à la premiere nouvelle qui vint de sa revolte, & sur ce que ses Ministres lui representerent que jamais son Empire ne seroit tranquille pendant que ce Prince vivroit, il leur dit : Vous avés raison, & vous parlés en sages Politiques. Mais, si par ignorance ou par un emportement de jeunesse, mon fils Mirza Iskender s'est porté à cette folle entreprise, peut-estre qu'un bon conseil l'obligera de revenir à lui & de reconnoistre sa faute. S'il ne le fait pas, ce sera à nous de faire ensorte qu'il ne trouble pas le repos de nos peuples.

REMARQUES. Mirza Iskender estoit fils de Mirza Omer Scheich un des fils de Timour, & Schahroch lui avoit donné le Roïaume de Perse après la mort de Mirza Pir Mehemmed autre fils de Mirza Omer Scheich. Sur la nouvelle certaine de sa revolte,

Schahroch tâcha de le ramener par une lettre remplie de bonté qu'il lui écrivit. Mais, sur ce qu'il apprit qu'il persistoit, il marcha contre lui & alla le forcer dans la Ville d'Ispahan qu'il avoit enlevée à Mirza Rustem. Mirza Iskender prit la fuite ; mais, des Cavaliers qui le poursuivirent l'arresterent & l'amenerent à Schahroch, qui le remit entre les mains de Mirza Rustem son frere en lui recommandant d'en prendre soin & de le consoler. Mais, Mirza Rustem lui fit crever les yeux, afin de lui oster par-là l'envie de remuer & d'entreprendre de regner une autre fois.

De ces paroles remarquables de Schahroch & des autres particularités de sa vie, que nous avons rapportées pour suivre le dessein de cet ouvrage, on peut juger que son Histoire merite d'estre mise au jour. Elle est d'autant plus considerable qu'elle renferme un regne de 42. ans rempli d'évenemens très-singuliers. Car, Schahroch commença à regner l'an 1404. & mourut en 1446. de J. C. De plus, Abd-urrizzak Efendi qui en est l'Auteur a esté son Imam & Juge de son armée lors qu'il estoit en campagne, & son pere avoit exercé les mesmes emplois avant lui ; avec cela, Schahroch l'employa en plusieurs Ambassades, de sorte qu'elle est écrite sur de bons Memoires. La Traduction en François de cette Histoire & de l'Histoire des fils de Schahroch & de ses successeurs presque jusques au commencement des Sofis de Perse qui regnent aujourd'hui écrite en Perfin par le mesme Auteur, est en estat de pouvoir estre imprimée.

Sous le regne d'Ulug Beg Roi du Maverannahar & du Turquestan, Kadi-zadeh Roumi savant dans les Mathematiques estoit Professeur à Samarcande dans un College avec trois autres Professeurs, où il enseignoit avec tant de réputation que ces Professeurs entendoient ses leçons avec leurs Ecoliers, après quoi ils faisoient leur leçon chacun dans leur Classe. Ulug Beg déposa un de ces Professeurs & en mit un autre à sa place. Cette déposition fut cause que Kadi-zadeh Roumi demeura chez lui & ne fit plus de leçons. Ulug Beg qui en eut avis, crut qu'il estoit malade; & comme il avoit beaucoup de veneration pour lui à cause de sa Doctrine, il alla le voir & trouva qu'il estoit en bonne santé. Il lui demanda quel sujet pouvoit l'avoir obligé de discontinuer ses leçons. Kadi-zadeh répondit : Un Scheich m'avoit donné avis de ne pas m'engager dans aucune charge de la Cour, parce qu'on estoit sujet à en estre déposé, & je m'estois engagé dans la charge de Professeur, croiant qu'il n'en estoit pas de mesme. Mais, j'ai appris le contraire par l'exemple de mon Collegue. C'est pour cela, que je me suis retiré pour ne pas estre exposé au mesme affront.

REMARQUES. Ulug Beg prit cette réponse de très-bonne part, & il ne se contenta pas seulement de restablir le Professeur qu'il avoit déposé ; mais encore, il fit serment que jamais il ne lui arriveroit d'en déposer aucun.

Kadi-zadeh Roumi s'appelloit autrement Mouça Pacha, & avoit eu pour pere un Cadis de Brousse sous le regne de Sultan Murad I. fils de Sultan Orkhan. C'est pour cela qu'on lui avoit donné le nom de Kadi-zadeh Roumi, c'est-à-dire fils de Cadis de

Païs de Roum, dans le Khorassan, où il estoit allé sur la réputation des savans Mahometans de ce Roïaume-là qui fleurissoient alors. Il savoit les Mathematiques, & il fut un de ceux qui travaillerent aux Tables Astronomiques d'Ulug Beg ; mais, il mourut avant qu'elles fussent achevées & mises au jour. Ces particularités sont rapportées par Cogia Efendi dans son Histoire Ottomane à la fin du regne de Sultan Murad I. où il fait mention des Savans qui furent celebres en ce temps-là.

Un Mahometan voïoit un Livre Arabe, qui contenoit un texte en lettres rouges avec des Notes fort courtes en lettres noires, de maniere qu'il y avoit plus de rouge que de noir. Il dit : Il semble que ce sont des mouches sur de la chair de bœuf.

Schems-eddin Mehemmed Fanari Cadis de Brousse sous le regne de Sultan Bajazet Ildirim, estoit riche de cent cinquante mille sequins, & avoit grand train & grand équipage. Cependant, il affectoit la pauvreté par un habit fort simple & par un petit Turban, quoique les Cadis de son rang le portassent fort gros & fort ample. Comme il achetoit cet habillement de l'argent qui lui venoit de la soïe qu'il recueilloit des vers à soïe qu'il nourrissoit lui-mesme, pour excuser les richesses qu'il avoit d'ailleurs & la splendeur de sa maison, il disoit : Je ne puis pas en gagner davantage par le travail de mes mains.

REMARQUES. Cent cinquante mille sequins font environ la somme d'un million de livres.

Ce Cadis qui estoit très-savant, a composé plusieurs Livres dont les Turcs font grande estime. Il portoit le nom de Fanari, parce qu'il estoit d'un village qui s'appelloit Fanar.

Le Poëte Scheichi estoit pauvre & vendoit un remede pour le mal des yeux afin de gagner de quoi pouvoir vivre. Mais, il avoit lui-mesme mal aux yeux, & il ne s'estoit pas avisé de se servir du remede qu'il vendoit aux autres. Un jour, une personne qui avoit besoin de son remede lui en acheta pour un aspre, & en le païant, au lieu d'un aspre il lui en donna deux. Scheichi voulut lui en rendre un ; mais, l'acheteur lui dit : L'un est pour le remede que je vous ai acheté pour mon usage ; & l'autre, je vous le donne afin que vous en preniés autant pour vous en frotter les yeux vous-mesme, puisque je voi que vous y avés mal.

REMARQUE. Ce Poëte vivoit du temps de Sultan Murad II. qui gagna la bataille de Varna. Par l'avis qui lui fut donné en cette occasion, il comprit si fortement le ridicule qu'il y avoit de vendre aux autres un remede dont il ne se servoit pas lui-mesme quoi qu'il en eust besoin, que jamais il n'y pensoit qu'il n'en rist bien fort.

Sultan Murad II. après avoir gagné la bataille de Varna, paſſoit par le champ de bataille & conſideroit les corps morts des Chreſtiens. Il dit à Azab Beg un de ſes Favoris qui eſtoit près de ſa perſonne : Je ſuis eſtonné que parmi tous ces Chreſtiens il n'y en a pas un ſeul qui n'ait la barbe noire. Azab Beg répondit : Si une ſeule barbe blanche ſe fuſt rencontrée parmi eux, jamais un deſſein ſi mal conçu ne leur ſeroit venu dans la penſée, ils ne s'y ſont engagé que par un emportement de jeuneſſe.

REMARQUE. La bataille de Varna fut gagnée par Sultan Murad II. l'an de l'Hegire 848. & de J. C. l'an 1444. Il mourut l'an 855. de l'Hegire, de J. C. l'an 1451.

Un Pacha qui toutes les fois qu'il ſe retiroit à l'appartement de ſes femmes après avoir paru en public pour donner audience, avoit couſtume de faire joüer les Tymbales, voulut railler un

Poëte qui lui faisoit sa cour ordinairement, & lui demanda:
Quand vous retournés chez vous,
ne toussés-vous pas pour avertir
que c'est vous? Le Poëte qui rail-
loit lui-mesme finement comprit
ce que cela vouloit dire, & repartit: Je suis un trop petit Seigneur
pour imiter un Pacha comme vous
qui faites joüer les Tymbales.

REMARQUES. Les Gouverneurs des
Provinces chez les Turcs sont appellés Pachas. Suivant quelques-uns, le mot de Pacha est Persan & se dit au lieu de Paï Schah,
c'est-à-dire, le pied du Roi; parce que les
Pachas font valoir & representent l'autorité
Roïale dans les lieux où les Rois ne peuvent
pas aller en personne.
Les Tymbales dont il est ici parlé sont de
petits Tymbales d'environ un demi pied de
diametre, de la mesme forme que les plus
grands. Les Pachas ont aussi de grands
Tymbales, des Trompettes & des Hautbois
qui sonnent devant eux dans les marches &
dans les ceremonies, tous à cheval.

Ali disoit qu'il avoit entendu
dire à Mahomet: Quand l'au-

mosne sort de la main de celui qui la fait, avant que de tomber dans la main de celui qui la demande, elle dit cinq belles paroles à celui de la main de qui elle part : J'estois petite & vous m'avés fait grande. J'estois en peu de quantité & vous m'avés multipliée. J'estois ennemie & vous m'avés renduë aimable. J'estois passagere & vous m'avés renduë permanente. Vous estiés mon Gardien & je suis présentement vostre Garde.

REMARQUES. L'aumosne se prent ici dans une signification passive, c'est-à-dire, pour ce qui se donne par aumosne.

Ali est le gendre de Mahomet & le quatriéme de ses successeurs de qui il a esté parlé ci-devant.

Un Cadis en arrivant au lieu où il devoit exercer sa charge, logea chez le Commandant qui fit de son mieux pour le bien regaler. Dans la conversation le

Commandant dit au Cadis : Peut-on, fans vous offenfer, vous demander comment vous vous appellés ? Le Cadis répondit : On m'a trouvé d'une feverité si grande dans les lieux où j'ai efté Cadis avant que de venir ici qu'on ne m'y appelle pas autrement qu'Azrail qui eft le nom de l'Ange de la mort. Le Commandant fe mit à rire, en difant : Et moi, Seigneur, je fuis connu fous le nom de Cara Scheitan, c'eft-à-dire, de Diable noir. Nous ne pouvions pas mieux nous rencontrer pour mettre à la raifon le peuple à qui nous avons à faire vous & moi. Car, je vous donne avis que ce font des gens très-facheux & fujets à rebellion, & qu'il n'y a pas moïen de les dompter. C'eft pourquoi agiffons de concert. Pendant que vous leur ofterés la vie j'aurai soin de les obliger à renier leur Religion. Autrement, jamais ils ne flechiront.

REMARQUES. Les charges de Cadis chez les Mahometans, particulierement chez les Turcs, ne sont ni venales, ni à vie, ni hereditaires. Elles se donnent au merite & à la capacité par les Cadileskers qui les distribuent, & elles sont changées de deux ans en deux ans. De sorte qu'au bout de deux ans un Cadis est obligé de retourner à Constantinople pour solliciter d'estre emploïé ailleurs, à moins qu'il n'ait un Agent ou un ami qui sollicite pour lui & qui obtienne qu'on l'envoïe en un autre endroit immediatement après le terme de deux ans achevé. Il ne leur en couste qu'un droit pour l'expedition des Patentes en vertu desquelles ils exercent leur charge, & ce droit est au profit des Cadileskers qui les expedient au nom du Grand Seigneur. Il y a aussi quelques frais dont les Officiers des Cadileskers profitent.

Les Mahometans croïent qu'il y a un Ange qu'ils appellent Azrail, c'est-à-dire Azriel, de qui la fonction est de ravir l'ame de ceux qui meurent. Ils ont emprunté cette croïance des Juifs, ou mesme ils l'ont communiquée aux Juifs, qui en ont un qu'ils appellent aussi l'Ange de la mort & l'Ange destructeur sous le nom de Samael, & qu'ils representent les uns avec une épée & les autres avec un arc & des fleches. M. Gaulmin dans les Notes sur la Vie de Moïse qu'il a traduite de l'Hebreu en Latin, en fait mention à l'occasion de l'entretien de Samael avec Moïse avant qu'il mourust. Il remarque aussi qu'encore aujourd'hui en Allemagne, les Juifs quand quelqu'un est mort chez eux, jettent l'eau de tous les pots & autres vases qui sont dans la maison, par une superstition qu'ils ont de croire que l'Ange de la mort y a lavé l'épée dont il s'est servi pour ravir l'ame du défunt.

Sur toutes les autres Nations, les Turcs sont ingenieux à donner des noms aux gens suivant qu'on leur plaist ou qu'on leur déplaist, & n'épargnent personne là-dessus. Ainsi ils avoient nommé Scheitan le brave Pacha qui soustint si bien le premier siege de Bude contre les Imperiaux, lequel estoit Pacha de Candie, parce qu'il ne laissoit pas les soldats en repos & qu'il les tenoit toûjours en haleine. Mais, dans ces derniers tems on a vû un Caplan Pacha, c'est-à-dire, Pacha Leopard, & souvent ils ont des Pachas Schahin, c'est-à-dire, Pachas Faucon. Ils ont aussi des noms satyriques, & ils appelloient un Favori de Sultan Mehemmed IV. Coul-oglou, à cause de sa naissance, c'est-à-dire, fils de Janissaire. Les defauts du corps leur donnent aussi matiere d'en imposer; c'est pourquoi, ils ont une infinité de Topals, de Kiors & de Kusehs. Topal signifie un boiteux, Kior un borgne, & Kuseh un homme qui a peu de barbe au menton.

Un begue marchandoit une

fourrure à Constantinople & chagrinoit fort le Marchand Pelletier par sa longueur à s'expliquer. Le Marchand aïant demandé ce qu'il vouloit faire de cette fourrure, il répondit en bégaïant toûjours fortement : Je veux m'en servir cet hiver. Le Marchand repliqua : L'hiver passe pendant que vous prononcés le mot qui la signifie : Quand prétendés-vous vous en servir ?

Un descendant d'Ali aïant besoin de bois, sortit de grand matin & alla attendre au passage les Païsans qui en apportoient à la Ville pour le vendre ; mais, avec l'intention d'en acheter seulement à un vendeur qui s'appelleroit Ali. Chaque Païsan qui arrivoit, il lui demandoit son nom, & l'un s'appelloit Aboubekir, un autre Omer, un autre Osman, & un autre d'un autre nom different de celui d'Ali ; de orte qu'il les laiſſoit tous paſſer & qu'il n'achetoit pas de bois. Après avoir attendu preſque juſques à la nuit, pour ſurcroi de peine, il ſe mit encore à pleuvoir & le deſeſpoir alloit le prendre, lors qu'il vit paroiſtre un boiteux qui marchoit devant un aſne chargé d'aſſés méchant bois & mal choiſi. Il s'approche de lui & lui demande comment il s'appelloit ? Le boiteux répondit qu'il s'appelloit Ali. L'autre lui demanda : Combien la charge de ton aſne ? Il répondit : Donnés-vous patience, je ſuis de compagnie avec un autre qui vient derriere moi, vous marchanderés avec lui. Le deſcendant d'Ali repartit : Poltron que tu es, tu vens du bois après avoir eſté Calife, & tu dis que tu as un aſſocié ? Ne peus-tu pas faire ton affaire ſans aſſocié ?

REMARQUE. Comme je l'ai déjà remarqué, Ali fut le quatriéme Calife après Mahomet ; mais, le Calife qui devoit passer à ses successeurs après lui, passa aux Ommides & ensuite aux Abbassides. Ainsi, la reprimande du descendant d'Ali au vendeur de bois qui portoit le mesme nom qu'Ali est fondée sur ce point d'Histoire.

Il ne s'estoit pas encore vû un homme qui eust si peu de barbe que Kuseh Tchelebi, que l'on avoit ainsi nommé à cause de cette singularité. Il n'en avoit pas du tout au menton, & il n'avoit que vingt à vingt-cinq poils à la moustache. Le Poëte Bassiri se plaignant à lui de sa pauvreté, il lui dit : Je m'estonne que vous soiés pauvre ; car, on m'avoit dit que vous aviés beaucoup d'argent. Bassiri repartit : Seigneur, je n'en ai pas plus que vous avés de poil à la moustache.

REMARQUES. Il est fait mention du Poëte Bassiri ci-devant, & j'ai déja remarqué que Kusch signifie un homme qui a peu de barbe.

Tchelebi est un titre d'honneur qui se donne aux personnes de quelque naissance. Ce mot peut venir du mot Persan Geleb ou Tcheleb qui signifie les premieres fleurs, les premiers fruits & tout ce qui vient à la maturité avant le temps ordinaire. Cette origine me plairoit fort, parce que les Turcs donnent ce nom particulierement aux jeunes gens propres, honnestes, agréables, bien élevés, qui marquent plus d'esprit que leur âge ne porte. D'autres veulent qu'il vienne de Tcheleb ancien mot Turc qui signifie Dieu; mais, cette étymologie me paroit trop éloignée.

Des Juifs à Constantinople eurent contestation avec des Turcs touchant le Paradis, & soustinrent qu'ils seroient les seuls qui y auroient entrée. Les Turcs leur demanderent : Puisque cela est ainsi, suivant vostre sentiment, où voulés-vous donc que nous soïons placés? Les Juifs n'eurent pas la hardiesse de dire que les Turcs en seroient exclus entierement, ils répondirent seulement : Vous serés hors des murailles & vous nous regarderés. Cette dispute alla jufqu'aux oreilles du Grand Vizir, qui dit : Puifque les Juifs nous placent hors de l'enceinte du Paradis, il eft jufte qu'ils nous fourniffent des pavillons, afin que nous ne foïons pas expofés aux injures de l'air.

REMARQUES. En mefme temps, le Grand Vizir taxa le corps des Juifs outre le tribut ordinaire à une certaine fomme pour la dépenfe des pavillons du Grand Seigneur, qu'ils païent encore aujourd'hui depuis ce temps-là.

Je n'ai pas lû ceci dans aucun livre ; mais on le dit communément à Conftantinople où je l'ai entendu dire.

Le Monde apparut à Ifa fils de Marie déguifé fous la forme d'une vieille décrepite. Ifa lui demanda combien avés-vous eu de maris ? La vieille répondit : J'en ai eu un fi grand nombre, qu'il n'eft pas poffible de le dire. Ifa reprit : Ils font morts apparemment, & ils vous ont abandonnée

donnée en mourant. Elle repartit : Au contraire, c'est moi qui les ai tué & qui leur ai osté la vie. Isa repliqua : Puisque cela est, il est estonnant que les autres après avoir vû de quelle maniere vous les avés traittés tous, ont encore de l'amour pour vous & ne prennent pas exemple sur eux.

REMARQUE. Isa signifie Jesus-Christ chez les Arabes, qui lui attribuent plusieurs autres paroles qui ne se trouvent pas dans le Nouveau Testament ; mais, qui ne laissent pas que d'estre très-édifiantes. En voici une autre qui n'est pas moins remarquable.

Du temps d'Isa trois voïageurs trouverent un thrésor en leur chemin, & dirent : Nous avons faim, qu'un de nous aille acheter de quoi manger. Un d'eux se détacha & alla dans l'intention de leur apporter de quoi faire un repas. Mais, il dit en lui-mesme : Il faut que j'empoi-

sonne la viande afin qu'ils meurent en la mangeant, & que je
joüisse du thrésor moi seul. Il
executa son dessein & mit du
poison dans ce qu'il emporta
pour manger. Mais, les deux
autres qui avoient conçu le mesme dessein contre lui pendant
son absence, l'assassinerent à son
retour & demeurerent les maîs-
tres du thrésor. Après l'avoir
tué, ils mangerent de la viande
empoisonnée & moururent aussi
tous deux. Isa passa par cet endroit-là avec ses Apostres, &
dit : Voila quel est le Monde.
Voïés de quelle maniere il a
traitté ces trois personnes. Malheur à celui qui lui demande
des richesses.

Fin des bons Mots.

LES MAXIMES DES ORIENTAUX.

A crainte de Dieu est la plus grande des perfections, & le vice la plus grande des imperfections.

La crainte de Dieu purifie le cœur.

Je crains Dieu, & après Dieu, je ne crains que celui qui ne le craint pas.

Il n'y a point d'asyle d'une sureté plus grande que la crainte de Dieu.

La pieté est la sagesse la plus grande, & l'impieté est la plus grande des folies.

Le Culte de Dieu mortifie la concupiscence.

Le culte que l'on rent au Demon meine à la perdition ; mais, le culte que l'on rend à Dieu est un gain.

C'est trop que de pecher une seule fois ; mais, ce n'est pas assés de mille actes de culte envers Dieu pour le bien honorer.

Ne méprisés pas Dieu en jurant par son Nom, afin qu'il ne vous méprise pas.

Qui trahit sa Religion pour s'abandonner au monde, se trompe grossierement.

On ne peut pas bien se connoistre soi-mesme qu'on ne connoisse son Créateur.

Celui-là de qui la concupiscence l'emporte pardessus sa raison, perit.

Si l'homme prévoïoit sa fin & son passage de cette vie, il auroit horreur de ses actions & de leur tromperie.

La vie est un sommeil dont on ne se réveille qu'à la mort.

La vie de l'homme est un chemin qui tent à la mort.

On suit pluftost les mœurs corrompuës

de son siecle que les bons exemples de ses aïeuls.

La vertu, la science & les belles connoissances sont les seules choses qui nous rendent estimables.

L'orphelin n'est pas celui qui a perdu son pere ; mais, celui qui n'a ni science ni bonne éducation.

Le defaut de bon sens est le pire de tous les degrés de pauvreté.

Rien ne cache mieux ce que l'on est que le silence.

L'esprit est la plus riche de toutes les possessions.

On se fait beaucoup d'amis par la douceur du discours.

Moins on a d'esprit, & plus on a de vanité.

Il n'y a pas de grandeur d'ame à se vanger.

La science dans un enfant est pour lui un diadême, & la sagesse un collier d'or.

C'est estre entierement malheureux que de se laisser abbattre dans les disgraces.

Ceux qui aiment la vertu ne la pratiquent pas toûjours, & ceux qui la pratiquent, ne le font pas dans toute la perfection necessaire.

La grossiereté & l'incivilité engendrent la discorde, mesme entre les parens.

Le cœur de l'insensé est dans sa bouche, & la langue du Sage est dans son cœur.

Qui court bride abbatuë guidé par l'esperance, rencontre le dernier moment de sa vie & tombe.

L'Envie n'a point de repos.

Lorsque vous avés reçû un bien-fait ne vous en rendés pas indigne par le defaut de reconnoissance.

Le desir de vangeance est un empeschement invincible pour vivre heureux & content.

Lorsque vous avés de l'avantage sur vostre ennemi, pardonnés-lui en action de grace envers Dieu de cet avantage.

C'est se priver de l'honneur qu'on reçoit de la visite d'un ami que de lui faire mauvais visage.

On ne doit pas compter sur la parole d'un homme chagrin & de mauvaise humeur.

Lorsque vous estes en joïe, vous ne

devés pas chercher d'autre vangeance contre celui qui vous en porte envie que la mortification qu'il en a.

Que la science est avantageuse à celui qui la possede, puis qu'elle est d'un si haut prix que personne ne la vent pour de l'argent !

Trois choses tost ou tard causent la perte de l'homme ; sa femme lors qu'elle a donné son cœur à un autre, un serpent dans la mesme maison où il demeure, & un ami qui manque de conduite.

Rien n'obtient le pardon plus promptement que le repentir.

C'est une folie de se presenter devant quelqu'un sans estre appellé ; c'en est une plus grande de parler sans estre interrogé, & c'en est une doublement plus grande de se vanter d'estre savant.

Il n'y a point de maladies plus dangereuses que le defaut de bon sens.

De tous les vices, la vanité & l'amour des Procés sont ceux dont on se corrige le moins.

Les discours attirent le bien ou le mal qui nous arrive.

Ce n'est pas mal fait de rendre visite ; mais, il ne faut pas que cela arrive si souvent, que celui que l'on visite soit contraint de dire, c'est assés.

C'est insulter, que de reprendre devant le monde.

Le peu de paroles est la marque d'une sagesse parfaite.

C'est un puissant moïen pour obtenir ce qu'on aime que de s'humilier.

Le veritable culte de Dieu dans un Prince est de demeurer dans ses limites, de maintenir les Traités, de se contenter de ce qu'il a, & de souffrir patiemment la privation de ce qu'il n'a pas.

C'est se souvenir d'avoir esté offensé que d'obliger de demander pardon une seconde fois.

On a plus besoin d'un Chef qui agisse que d'un Chef qui parle.

Rien ne ressemble davantage à des fleurs plantées sur un fumier que le bien qu'on fait à un ignorant ou à un homme de rien.

En quelque communauté, compagnie ou societé que ce soit, ne vous engagés à rien de ce qui regarde les affaires communes ; parce que si vous réussissés, la compagnie s'en attribuera le succés, & si vous ne réussissés pas, chacun vous en en attribuëra la faute.

Lorsque l'on souffre avec impatience, les chagrins & les inquietudes causent des tourmens beaucoup plus grands que si l'on souffroit avec patience.

Lorsque l'ame est preste à partir, qu'importe de mourir sur le thrône ou de mourir sur la poussiere ?

Plus la malice des ennemis est cachée plus on doit s'en méfier.

Prenés exemple de ceux qui vous ont précedé & efforcés-vous de faire le bien.

Ne soïés pas negligent ; parce qu'on ne sera pas negligent à vostre égard.

Prenés & donnés avec équité.

Il ne faut pas s'estonner que ceux qui demandent & qui recherchent des choses qui ne leur sont pas convenables, tombent en des malheurs qu'ils n'attendent pas.

Les richesses ne font pas plus de sejour dans la main des personnes liberales que la patience dans le cœur d'un amant & que l'eau dans un crible.

D'abord que l'on prent plaisir à entendre médire on est du nombre des médisans.

X

Ce que l'on souffre pour ce monde couvre le cœur de tenebres ; mais, ce que l'on souffre pour l'autre monde, le remplit de lumiere.

La fortune & la gloire ont ensemble une liaison si estroite, que celui qui n'a pas de fortune n'a pas de gloire.

Le plus grand repos dont on puisse joüir est celui dont on joüit lors qu'on ne desire rien.

On obtient rarement ce que l'on souhaite, lors qu'on le recherche avec trop d'empressement.

Pourquoi me reprochés-vous le peché que j'ai commis, puisque Dieu me le pardonne ?

Qui pousse la raillerie plus loin que la bien-séance ne le demande, ne manque jamais d'estre haï ou d'estre méprisé.

L'homme que l'on peut veritablement appeller homme, se connoît aux marques qui suivent. Quelque accident qu'il lui arrive, il est inébranlable. Il est humble dans les grandeurs. Il ne lache pas le pied dans les occasions où il s'agit de faire voir qu'il a du cœur. Il n'a d'autre but que sa gloire & que sa réputation,

& s'il n'eſt ſavant, il a au moins de l'amour pour les ſciences.

L'eſtat d'un homme qui obéït à ſes paſſions eſt pire que l'eſtat d'un miſerable eſclave.

Le vainqueur doit eſtre content de ſa victoire, & pardonner au vaincu.

Souvent on ſe donne beaucoup de peine pour réuſſir dans une affaire dont on ne tire que du chagrin dans la ſuite.

La conduite d'un Officier dépoſé de ſa charge, doit eſtre la meſme que s'il eſtoit en charge.

C'eſt eſtre libre que de ne rien deſirer, & c'eſt eſtre eſclave que de s'attendre à ce que l'on ſouhaite.

Apprenés les ſciences avant que de vous marier.

L'avis du ſage tient lieu de prédiction.

Qui fait attention ſur ce qui ſe paſſe dans le monde, en prend exemple pour faire le bien ou pour éviter les defauts qu'il y remarque.

Quand vous auriés deux cent belles qualités à la pointe de vos cheveux, elles ne vous ſerviront de rien ſi la fortune vous est contraire.

L'affaire la plus embarrassante est celle d'avoir de l'inimitié.

Efforcés-vous d'avoir des amis sinceres pour vivre à l'ombre de leur protection, vous en aurés de la joïe dans la prosperité, & ce vous sera un préservatif contre l'adversité.

On ne sait plus ce que l'on fait quand on a le cœur blessé.

Soïés sincere, quand mesme vostre sincerité devroit vous couster la vie.

On est sage à proportion que l'on a eu une bonne éducation.

Ne faites pas crédit, vous vivrés en liberté.

On n'a plus de pudeur, si-tost qu'on s'est abandonné aux plaisirs deshonnestes.

Le sage pratique particulierement trois choses : Il abandonne le monde avant que le monde l'abandonne. Il bastit sa sepulture avant le temps d'y entrer, & fait tout dans la vûë d'estre agréable à Dieu avant que de paroistre en sa présence.

Qui commande avec trop d'empire à ceux qui sont au dessous de lui, trouve souvent un maistre qui lui commande de mesme.

Ne pechés pas, vous aurés moins de chagrin à l'heure de vostre mort.

Il est impossible de ne pas réüssir dans ce qu'on entreprent, quand on a pris conseil auparavant.

Prenés garde avec quelle famille vous ferés alliance en mariant vostre fils, parce que la racine communique au tronc & aux branches ce qu'elle a de mauvais.

Qui a de la consideration & de l'honnesteté pour tout le monde réüssit dans ce qu'il entreprent.

L'avidité amene la pauvreté; mais, on est riche lors qu'on ne desire rien.

Trop de familiarité engendre la médisance, & l'on n'est pas loin de l'inimitié entre amis lors qu'on censure toutes choses.

Qui vient vous faire rapport des defauts d'autrui, a dessein de faire rapport de vos defauts à d'autres.

Plus on espere, moins on obtient; parce que l'esperance est souvent un moïen pour ne pas obtenir ce qu'on attent.

Qui pardonne à ses inferieurs trouve de la protection auprès de ceux qui sont au dessus de lui.

Interpretés toûjours la conduite de vos amis par l'endroit le plus favorable, jusqu'à ce que vous en appreniés quelque chose qui lasse votre patience.

Observés vos amis, excepté ceux de qui vous estes sûr ; mais, on ne peut estre sûr que d'un ami qui a la crainte de Dieu.

Aimés vos amis avec précaution.

Les plaisirs du monde les plus parfaits sont toûjours meslés de quelque amertume.

Qui considere les suites avec trop d'attention, n'est pas ordinairement un homme de courage.

Le monde est un enfer pour les bons & un Paradis pour les méchans.

Les decrets de Dieu rendent inutiles tous les plus beaux projets du monde.

Les précautions ne servent de rien où Dieu commande.

Ne vous informés point des choses qui ne sont pas arrivées ; le point est de s'informer de celles qui font arrivées, afin d'en profiter.

Les bien-faits ferment la bouche à ceux qui ont de mauvaises intentions contre nous.

Le vin, quelque violent qu'il soit, n'ofte pas plus l'esprit qu'une paffion déreglée.

La veritable nobleffe confifte dans la vertu & dans la bonne éducation & non pas dans le nombre des aïeuls.

La meilleure éducation eft d'avoir des inclinations loüables.

Il vaut mieux battre le fer fur une enclume, que d'eftre debout devant un Prince les mains croifées fur le fein.

Prenés confeil dans vos affaires de ceux qui craignent Dieu.

Rien n'eft plus facheux que la pauvreté. Neanmoins, la mauvaife conduite eft encore plus facheufe, & c'eft pour cela que la fageffe eft un tréfor ineftimable.

Jamais on n'a de mauvais fuccés quand on connoift bien de quoi l'on eft capable.

Rien n'éloigne davantage toutes fortes de perfonnes d'auprès de foi que la trop bonne opinion de soi-mesme.

L'avare a le chagrin de voir une grande solitude chez lui.

Plus on aime à railler, & plus on s'attire de méchantes affaires.

Qui a perdu la pudeur a le cœur mort.

C'est une imprudence de rejetter les bien-faits qu'on nous offre. Il y a danger qu'on ne nous les refuse, lorsque nous voudrons les demander.

Les pauvres doivent apprendre les sciences pour devenir riches, & les riches, afin qu'elles leur servent d'ornement.

Il faut s'accommoder à la foiblesse de ses inferieurs pour en tirer le service dont on a besoin.

Tout prospere à celui qui se préserve de l'avarice, de la colere & de la concupiscence.

L'insensé se fait connoistre par ses discours.

Qui a abandonné toutes choses pour embrasser la vie retirée, ne doit avoir de la complaisance pour personne.

La langue du sage se regle suivant les mouvemens de son cœur.

Ne païés pas d'ingratitude le bien que l'on vous fait.

En toute autre chose le mari doit paroistre un enfant à l'égard de sa femme ; mais, il doit paroistre homme lors qu'elle demande ce qu'il a.

Les pensées les plus cachées se découvrent au discours ou à la contenance.

Il vaut mieux posseder un art dont on puisse gagner sa vie, que de tendre la main pour la demander.

L'avare court droit à la pauvreté. Il mene une vie de pauvre ici bas ; mais, on exigera de lui un compte de riche au jour du Jugement.

On reconnoist les richesses heureuses au soin que ceux qui les possedent ont d'en remercier Dieu.

La bonne foi se païe par la bonne foi.

Le plus grand avantage qu'on puisse procurer à des enfans, est de les bien élever.

Qui peut guerir l'entestement d'un homme qui fait le vaillant, & qui cependant ne fait mal à personne ?

Faites du bien à celui qui vous fait du

mal, vous remporterés la victoire sur lui.

Nous devons tenir pour frere celui qui nous secoure de ses biens & non pas celui qui nous touche par le sang & qui nous abandonne.

Les amis de ce temps sont les espions de nos actions.

Les hommes ont l'avantage de la parole par dessus les bestes; mais, les bestes sont préferables aux hommes, si les paroles ne sont de bon sens.

Les disgraces doivent se tenir cachées sous le voile d'un dehors gai & honneste envers tout le monde.

On vient à bout de ses desseins avec la patience.

La douceur la plus agréable à Dieu est la douceur d'un Chef juste & de facile accés; mais, la barbarie qui lui est la plus odieuse, est celle d'un Chef violent & emporté.

Le plus grand ennemi de l'homme est la concupiscence.

Les bonnes actions sont la benediction de nostre vie.

Les plus grands malheurs sont causés par la langue.

De quelque nation que l'on foit, on n'eſt eſtimable qu'autant qu'on a d'induſtrie à ſe faire valoir.

Il faut acquerir à la fin de ſa vie ce qu'on a negligé au commencement.

Celui qui s'eſt retiré du monde, & qui a de l'attache auprès des riches, eſt encore du monde.

Une marque d'abondance eſt d'avoir beaucoup de monde à ſa table.

Ne contraignés pas vos filles de prendre un mari difforme ; parce qu'elles aiment ce que vous aimés.

Dieu faſſe miſericorde à celui qui nous découvre nos vices.

Trois choſes perdent l'homme : la vanité, l'avarice & la concupiſcence.

Le plus ſage des hommes eſt celui qui a le plus de complaiſance pour les autres.

On peut ſe délivrer des chaſtimens de Dieu par la penitence ; mais, on ne peut ſe délivrer de la langue des hommes.

Le corps eſt ſouſtenu par les alimens, & l'ame ſe ſouſtient par les bonnes actions.

Ne remettés pas à demain la bonne action que vous pouvés faire aujourd'hui.

Qui ne connoît pas le mal, tombe dans le mal.

La bonté d'un discours consiste dans la brieveté.

La compagnie des honnestes gens est un trésor.

La veritable gloire vient de Dieu.

Deux choses sont inseparables du mensonge, beaucoup de promesses & beaucoup d'excuses.

Un homme doux & affable n'a besoin du secours de personne.

Recommandés aux parens & aux alliés de se voir & de se rendre visite; mais, ne leur recommandés pas d'estre voisins.

Les vilains discours & deshonnestes sont moins tolerables que la mal propreté dans le manger.

Les trompeurs, les menteurs & toutes sortes de personnes de qui la vie est dereglée, sont enyvrés de la prospetité qui leur rit en toutes choses; mais, cette yvresse est la juste récompense de leurs méchantes actions.

On ne meurt pas pour n'avoir le

ventre qu'à moitié rempli.

C'est posseder un tresor que de posseder un art.

Lisés les Poësies, c'est une marque de bonnes inclinations.

Le moïen le plus sûr pour vivre en repos, est de tenir la bride à ses passions.

L'ami le plus fidele est celui qui nous met dans le bon chemin.

L'esprit se connoît dans la conversation.

Le bon ami se connoît à la fermeté qu'il a de tenir sa parole.

La meilleure femme est celle qui aime son mari & qui fait beaucoup d'enfans.

Augmentés vos enfans & vostre famille ; vous ne savés pas que c'est à leur consideration que vous trouvés de quoi subsister.

Le meilleur remede dans les afflictions est de se remettre à la volonté de Dieu.

L'esprit de l'homme se connoît à ses paroles ; & sa naissance à ses actions.

Il ne sert de rien de dire la verité où elle ne fait pas d'effet.

Le moïen d'eftre toûjours joïeux & content, eft d'avoir beaucoup d'amis.

Gardés-vous de l'amitié de l'infenfé, Quoi qu'il ait intention de vous rendre fervice; neanmoins, il ne laiffera pas de vous caufer du tort.

L'avare ne tire pas plus d'avantage de fon argent que s'il avoit des pierres dans fes coffres.

Toute la felicité des Rois confifte à bien rendre la juftice.

On dit : Le fiecle eft corrompu. Cette façon de parler n'eft pas jufte. Ce n'eft pas le fiecle, ce font les hommes du fiecle qui font corrompus.

C'eft trop de commettre une feule faute, & ce n'eft pas affés de faire toûjours fon devoir.

Qui eft dans la neceffité, reffemble à un infenfé qui n'a pas d'autre route à fuivre que celle de fon malheureux fort.

Le fouvenir d'avoir efté jeune ne produit que du regret.

L'yvrognerie eft la porte par où l'on fe fait entrée aux chofes deffenduës.

Rien ne console plus que la vûë d'un ami sincere.

La tranquillité & le repos font toute la satisfaction de la vie.

Nous nous affligeons lorsque nous n'avons pas de richesses, & nous nous embarrassons dans leur amour lorsque nous en avons.

La science est au dessus de tout ce qu'on peut s'imaginer de plus élevé.

On a de la peine dans l'occupation; d'un autre costé, l'oisiveté est pernicieuse.

La naissance est l'avant coureur de la mort.

Le bon choix d'un ami est la marque du bon esprit de celui qui l'a fait.

L'amitié se renouvelle avec les amis chaque fois qu'on les voit.

La comprehension de Dieu consiste dans la difficulté de le comprendre.

Il faut pluftost s'attacher à embellir l'ame que le corps.

La mauvaise conduite doit se considerer comme un précipice d'où il est difficile de se tirer.

Aïés le cœur pur & net devant Dieu.

Soïés generalement civil envers tout le monde. Maistrisés vos passions, soïés soumis à vos superieurs, & supportés leurs defauts. Prenés conseil des sages. Soïés doux envers vos ennemis, respectueux envers les Savans & dans le silence devant les ignorans.

Par la mauvaise conduite des hommes il est aisé de juger de ce qu'ils cachent le plus.

Les nouvelles affaires sont toûjours les plus facheuses.

Les plaintes sont les armes des foibles.

On n'a pas de facheux accidens à craindre avec la patience ; mais, on n'a rien d'avantageux à esperer avec l'impatience.

Les discours inutiles deshonnorent la sagesse.

La mort est une coupe que tous les hommes doivent boire, & le tombeau est une porte par où ils doivent tous passer.

Ce qui précede la mort est plus facheux que la mort mesme ; mais, la mort est plus tolerable que ce qui la suit.

Les

Les affaires vont mal, lorsque les richesses sont possedées par des personnes qui n'en savent pas faire un bon usage, que les armes sont entre les mains de ceux qui ne peuvent pas s'en servir, & que ceux qui ont la sagesse en partage ne savent pas en profiter.

L'avarice est le chastiment du riche.

Un riche qui est avare, est plus pauvre qu'un pauvre qui est liberal.

Trois choses retombent sur celui qui les pratique : l'injustice, le manquement de foi & la tromperie.

Une des loix de l'amitié, est de laisser les ceremonies à part.

Qui va le droit chemin ne peut jamais s'égarer.

Qui écrit & ne fait pas reflexion sur ce qu'il écrit, pert la moitié de sa vie, de mesme que celui qui lit & qui n'entent pas ce qu'il lit.

Le silence épargne & détourne de facheuses affaires.

Il est surprenant que les hommes veuillent demeurer dans des Palais magnifiques, sachant que le tombeau est leur véritable demeure.

On ne craint rien des entreprises des mal intentionnés lors qu'on a de bons amis.

L'ignorant se cache & ne se fait pas connoistre en gardant le silence.

Soit que vous pardonniés, soit que vous chastiés, que vos paroles ne soient pas vaines, de crainte qu'on ne vous croïe pas lorsque vous pardonnés, & qu'on ne vous craigne pas lorsque vous menacés.

L'offense la plus facheuse est d'estre offensé par un ami.

Ne menacés pas de chastier plus rigoureusement que le crime ne le merite. Si vous le faites, vous serés injuste; & si vous ne le faites pas, vous aurés dit un mensonge.

La méchanceté la plus grande est d'abandonner la Religion pour suivre la vanité du monde.

Vous ne serés pas exposés à estre repris des autres, si vous vous reprenés vous mesme.

Heureux celui qui a des richesses & qui en use bien.

N'affectés pas de faire beaucoup de

bruit toutes les fois que vous promettés.

On peut dire que la vie est longue lors qu'elle est exempte de chagrins & d'afflictions.

Lorsque le bien se présente à vous, embrassés-le ; mais, rejettés le mal d'abord qu'il paroît pour vous surprendre.

Qui se soumet à la volonté de son ennemi s'expose à un peril inévitable.

La tyrannie des Rois est plus tolerable que le soulevement des peuples.

Les gémissemens des opprimés ne sont pas inutiles.

La vie d'un tyran n'est pas de longue durée.

La longueur du discours en fait oublier une bonne partie ; cependant, c'est contre l'intention que l'on doit avoir quand on parle.

La memoire est préferable à un grand amas de livres.

Soïés doux & complaisant, on aura le mesme égard pour vous.

Il n'est pas estonnant que celui qui souffre prenne patience ; mais, il y a lieu d'admirer celui qui souffre & qui remercie Dieu de ce qu'il souffre.

C'est posseder un tresor que de joüir d'une santé parfaite.

Ne meslés pas vostre secret avec les choses que vous exposés en public, vous vous en trouveriés mal.

Ne cachés aucune circonstance à celui de qui vous prenés conseil, le mal qui vous en arriveroit seroit par vostre faute.

La gloire qui s'acquiert par la vertu est plus relevée que la gloire qui vient de la noblesse.

La bonne naissance se fait connoistre par l'élevation des pensées.

Les ingrats ne profitent jamais des bien-faits qu'ils reçoivent.

Les ignorans prennent facilement les premieres places; mais, les savans qui sont persuadés des devoirs de l'honnesteté ne le font pas.

Dans l'espace de temps dont vous joüissés en ce monde, vous estes en deçà de vostre derniere heure. Avant que cette heure arrive, emploïés les momens que vous avés à vous, à prévenir ce qui doit vous arriver lors qu'ils seront expités, & n'attendés pas qu'on vous oſte toute eſperance & qu'on vous renvoïe à vos méchantes actions.

C'eſt aſſés à un vieillard de l'infirmité de ſon âge, il ne doit pas s'embarraſſer d'autres chagrins.

Suivant le cours du monde, la vie eſt miſerable ſans richeſſes, & la ſcience ſans dignité n'eſt qu'un amas de diſ-cours bien ſuivis, qui ne ſervent à rien.

Ce qui doit donner de la conſolation quand on a reçû quelque ſanglant af-front, eſt qu'on n'a pas à vivre une éter-nité.

Il ne ſe commet point de méchan-cetés dans une nation que Dieu ne les faſſe ſuivre d'une affliction genera-le.

Rien n'attire davantage les cœurs que la douceur des paroles.

La vieilleſſe ne doit pas ſe compter pour une partie de la vie.

Ne vous glorifiés pas. Quelle gloire eſt-ce que celle d'eſtre créé de terre pour y retourner ſervir de paſture aux vers? De vivre aujourd'hui & de mourir demain?

Redoutés les prieres que ceux que vous affligés addreſſent à Dieu.

Aïés patience. Rien ne ſe fait qu'avec la patience.

Un Monarque ſavant ne ſe repent jamais de l'eſtre.

Prenés garde à ce que vous dites, & en quel temps.

C'eſt une réputation très-méchante que celle qu'on prétent acquerir par une inſenſibilité pour toutes choſes.

Lorſque vous prenés conſeil, dites la verité, afin que le conſeil qu'on vous donnera ſoit auſſi veritable.

Afin que vous aïés des avis, donnés entrée à tout le monde dans voſtre armée.

L'inimitié la plus grande peut ſe diſſiper par un accommodement, excepté l'inimitié de l'envieux.

Jamais on ne ſe repent de s'eſtre tû.

On ſe fait un tréſor de toutes ſortes de belles perfections dans la compagnie des honneſtes gens.

Ne ſoïés pas rigoureux dans le chaſtiment. Il eſt rude, quelque leger qu'il ſoit. Ne vous en ſervés pas auſſi trop frequemment, vous pouvés arriver à voſtre but par d'autres voïes que par celle-là.

Le principal point pour acquerir de la reputation conſiſte à bien peſer & à bien regler ſes paroles.

Qui n'a pas de richeſſes n'a pas d'honneur dans le monde, & qui n'a pas d'honneur ſuivant le monde n'a pas de richeſſes.

Combattés vaillamment dans le combat, & ne perdés pas courage, vos ſoldats le perdroient auſſi.

Le veritable emploi des richeſſes eſt d'en faire des largeſſes.

Le monde & le Paradis peuvent eſtre comparés à deux femmes qui n'ont qu'un mari, lequel aime plus l'une que l'autre.

Une amitié contractée avec un inſenſé jette promptement dans des malheurs.

Il vaut mieux eſtre ſeul que d'eſtre dans la compagnie des méchans.

Correſpondés à l'amitié de vos amis, & aïés pour eux la meſme conſideration qu'ils ont pour vous.

Un avare qui garde ſon argent reſſemble à un homme qui a du pain devant lui, & qui ne mange pas.

Servés-vous de vos richesses pour gagner la bien-veillance de tout le monde.

Nous sommes respectés & honnorés tous les jours pendant que la mort est plus près de nous que la cousture de nos souliers.

On meurt au milieu des plaisirs & de la débauche sans savoir que l'on meurt.

Les peuples n'abandonnent pas leur Monarque, & ne sortent pas de son obéissance sans effusion de sang.

Le sage ne peut estre pauvre.

Le mensonge ne tire après lui que du deshonneur.

Un mensonge qui tent à la paix est préférable à une verité qui cause une sedition.

Qui vit dans un entier abandonnement du monde n'est traversé d'aucun chagrin.

Personne ne fait paroistre davantage sa bestise que celui qui commence de parler avant que celui qui parle ait achevé.

Il n'y a pas de veritables richesses sans la vertu.

Qui commet une affaire de consequence à une personne qui n'a pas la capacité pour en venir à bout, se repent de l'avoir fait, & fait connoistre en mesme temps la legereté de son esprit aux personnes de bon sens.

Un ennemi peut devenir ami par les bien-faits; mais, plus on flatte les passions, plus elles se rebellent.

On acquiert la bien-veillance de son prochain en lui procurant du bien.

Ce n'est pas la conduite du sage de donner de l'esperance & de l'oster en suite.

Ceux qui feroient des liberalités n'ont pas de quoi les faire, & ceux qui ont de quoi les faire, ne sont pas liberaux.

Qui veut lui-mesme se faire connoistre pour savant, passe pour un ignorant devant Dieu & devant les hommes.

Qui veut approfondir les belles sciences ne doit pas se laisser gouverner ni maistriser par les femmes.

Les richesses sont pour vivre plus

commodément ; mais on ne vit pas pour amasser des richesses.

C'est affliger les pauvres que de pardonner à ceux qui les foulent par leurs extorsions.

Il faut se garder de ceux que l'on ne connoist pas.

Qui se laisse conduire par ses desirs est ordinairement pauvre.

On vient à bout de ce que l'on a projetté en cachant son secret.

Deux sortes de personnes travaillent inutilement, celui qui gagne & qui ne joüit pas de ce qu'il gagne, & celui qui apprent d'un maistre de qui les actions ne sont pas conformes à ce qu'il sait ni à ce qu'il enseigne.

Le savant de qui les mœurs sont déreglées, ressemble à un aveugle qui tient un flambeau dont il fait lumiere aux autres ; mais, dont il n'est pas éclairé.

On recueille du fruit d'un arbre qu'on a planté ; mais, les hommes destruisent ceux qui les ont établi dans le monde.

Il vaut mieux garder son secret soi-mesme, que de le confier à la garde d'un autre.

Qui vous fait des rapports de la conduite des autres, fait de mesme aux autres des rapports de vostre conduite.

Un savant connoist un ignorant parce qu'il a esté ignorant; mais, un ignorant ne peut pas juger d'un savant, parce qu'il n'a jamais esté savant.

Le mesme qui vous flatte, vous deteste dans l'ame.

Les Rois ont plus besoin du conseil des sages, que les sages n'ont besoin de la faveur des Rois.

Comment pourroit-on faire fondement sur l'amitié d'un ignorant, puis qu'il est ennemi de lui-mesme?

Trois choses ne sont pas stables dans la nature: Les richesses sans commerce, la science sans dispute, & un Roïaume sans severité.

L'esperance mal fondée ne se pert qu'avec la mort.

C'est faire tort aux bons que de pardonner aux méchans.

Plus on fait d'experience, plus on se forme l'esprit.

Le monde periroit si tous les hommes estoient savans.

La paresse & le trop dormir ne détournent pas seulement du service de Dieu, ils amenent encore la pauvreté.

Le luxe dissipe tous les biens qui sont à sa disposition.

Il faut faire du bien si l'on veut en recevoir.

Il faut chercher un bon voisin avant que de prendre une maison, & un bon camarade avant que d'entreprendre un voïage.

Ne découvrés pas à vostre ami tout ce que vous avés de secret, parce qu'il peut devenir vostre ennemi. Ne faites pas aussi à vostre ennemi tout le mal que vous pourriés lui faire, parce qu'il peut devenir vostre ami.

Il faut avoir autant de soin de se blasmer soi-mesme que de blasmer les autres.

La colere commence par la folie & finit par le repentir.

Il ne peut arriver que du malheur à celui qui laisse gouverner sa raison par les passions.

Un sage ennemi est plus estimable qu'un ami insensé.

Il n'y a point de vertu semblable à la

prudence, point de mortification égale à la fuite du vice, point de bonté pareille à la bonté des mœurs, & point de richesses égales au plaisir d'estre content de ce que l'on a.

Qui fait amitié avec les ennemis de ses amis, cherche à offenser ses amis.

Il n'est pas necessaire de risquer sa vie dans les affaires qui peuvent se terminer par argent.

Il vaut mieux estre pauvre que d'avoir des richesses mal acquises.

Il est d'une consequence trpo grande de suivre le conseil d'un ennemi : Neanmoins, il est permis de l'écouter pour faire le contraire de ce qu'il dit, & le bon sens demande qu'on le fasse.

Rien n'est pire qu'un savant de qui la science est inutile.

La colere excessive chasse d'auprès de vous ceux qui en approchent, & les caresses à contre temps leur font perdre le respect. C'est pourquoi, il ne faut pas avoir trop de severité pour ne point s'attirer du mépris, ni trop de bonté, pour n'estre pas insulté.

Deux sortes de personnes ne se contentent jamais ; ceux qui cherchent la science & ceux qui amassent des richesses.

Frappés la teste du serpent de la main de vostre ennemi, de deux bons effets que cela peut produire, un ne peut pas manquer de vous arriver. Si l'ennemi est le vainqueur, le serpent sera tué, & si le serpent a l'avantage, vostre ennemi ne sera plus au monde.

N'annoncés pas vous-mesme une méchante nouvelle à celui qui peut en estre troublé, laissés-là annoncer par un autre.

Qui n'a pas d'éducation ressemble à un corps sans ame.

N'accusés personne de rebellion auprès du Prince, que vous ne soïés sûr que le Prince vous écoutera, autrement vous vous perdrés vous-mesme.

Le sage privé des choses les plus necessaires, est préferable à l'ignorant à qui rien ne manque.

Le stupide, ou l'ignorant est rempli de lui-mesme.

Qui parle trop est sujet à mentir ou à dire des choses inutiles.

Le trop de précipitation est suivi du repentir, & les bons succés ne viennent qu'après la patience.

C'est estre riche, que d'estre content de peu de choses.

Ecoute pour apprendre, & garde le silence pour ta propre conservation.

Les hommes sont partagés en deux classes: Les uns trouvent ce qu'ils cherchent & ne sont pas contens, les autres cherchent & ne trouvent pas.

Qui donne conseil à un homme rempli de lui-mesme, a lui-mesme besoin de conseil.

Chacun croit avoir de l'esprit au souverain degré, & chaque pere s'imagine que son fils surpasse tous les autres en beauté.

Des Sujets bien gouvernés valent mieux que de grandes armées.

C'est se rendre coupable que de se justifier lors qu'on n'est pas accusé.

Les Rois ne veulent pas d'égaux, les envieux n'ont pas de repos, & les menteurs n'ont pas de retenuë.

Gardés-vous des Grands, quand vous vous serés mocqué d'eux, d'un fou quand vous l'aurés raillé, d'un sage quand vous l'aurés offensé, & d'un méchant quand vous aurés fait amitié avec lui.

Tout le monde ne suffit pas à un avare; mais, le sobre ne veut que du pain pour se rassasier.

Le Demon n'a pas de pouvoir sur les bons, ni le Prince sur les pauvres.

Trois sortes de personnes ne tirent rien de bon de trois autres; le noble du roturier, le bon du méchant, ni le sage de l'ignorant.

Les affaires qui se font peu à peu s'achevent promptement.

L'homme se connoist par sa langue, de mesme qu'une méchante noix par sa legereté.

Qui dispute avec un plus savant que lui pour paroistre savant, passe à la fin pour un ignorant.

On doit posseder la science d'une maniere qu'on puisse la faire paroistre quand on veut

Il est de la bonne prudence de bien considerer la fin de toutes choses.

Le service des Rois a deux faces, l'esperance d'avoir du pain & la crainte de perdre la vie : mais, il n'eſt pas de la prudence du ſage de ſe jetter dans une ſemblable crainte pour une telle eſperance.

Trois choſes ne ſe connoiſſent qu'en trois occaſions. On ne connoiſt la valeur qu'à la guerre, le ſage que dans ſa colere, & l'ami que dans la neceſſité.

Si quelqu'un a pris la parole avant vous, ne l'interrompés pas, quoi que vous ſachiés la choſe mieux que lui.

Ne publiés pas les vices de voſtre prochain, parce que vous le diffamés & que vous diminués voſtre bonne reputation.

On ne peut mettre qu'au nombre des beſtes celui qui ne ſait pas diſtinguer le bien d'avec le mal.

Qui apprent la ſcience & ne pratique pas ce qu'elle enſeigne, reſſemble à celui qui laboure & qui ne ſeme pas.

On peut connoiſtre en un jour ce qu'un homme a d'acquis ; mais, ne vous fiés pas à lui en ce qui regarde ſon interieur ; parce que la méchanceté de ſon ame ne peut ſe connoiſtre en pluſieurs années.

Le foible qui entreprent de ſe battre

contre un plus fort que lui, aide lui-mesme son ennemi à le faire perir.

Qui n'écoute pas les conseils cherche à estre repris.

On augmente la science par l'experience, & l'on augmente le mensonge en croïant trop facilement.

Le sage qui se tait dit plus que l'insensé qui parle.

La sagesse ne paroist que par l'opposition de la folie & de la stupidité.

Nous sommes esclaves du secret publié; mais, le secret est nostre esclave tant que nous le tenons caché.

Appliqués-vous à la recherche de la science, depuis le berceau jusques à la mort.

Le sage qui se trouve parmi les ignorans ne doit s'attendre à aucun honneur.

Rien n'est plus difficile que de se connoistre soi-mesme.

Il ne faut pas s'estonner que quelquefois l'ignorant par son babil l'emporte sur le savant. L'émeril use les pierres préticuses.

Il est de l'entendement offusqué par la concupiscence comme d'un mari gouverné par ſa femme.

Le ſage ne doit pas facilement excuſer les legeretés du menu peuple ; parce qu'il en arrive du mal à l'un & à l'autre. L'autorité du ſage en diminuë, & le menu peuple ſe confirme dans le deſordre.

Qui loüe les mauvaiſes actions eſt ſujet à les commettre.

L'attache pour le monde & pour les richeſſes eſt la ſource de tous les maux.

Le Ciel a accordé de quoi vivre à tout le monde ; mais, à condition de travailler pour l'avoir.

La honte empeſche qu'on n'obtienne ce que l'on ſouhaite.

On oublie le nom de celui de qui l'on n'a pas mangé le pain pendant qu'il vivoit.

Dans une méchante année il ne faut pas demander au pauvre en quel eſtat ſont ſes affaires, à moins qu'on ne veuille le ſoulager.

La meilleure conduite dans les grandes aſſemblées eſt de ne rien dire contre le ſentiment de perſonne.

Les bons ſont joïeux dans leur pauvreté, & les méchans sont tristes au milieu de l'abondance.

Un homme sans esprit se connoît à six sortes de marques; en ce qu'il se fache sans sujet, en ce qu'il dit des paroles qui ne servent de rien, en ce qu'il se fie à toutes sortes de personnes, en ce qu'il change lors qu'il n'a pas lieu de changer, en ce qu'il s'embarrasse de ce qui ne le regarde pas, & en ce qu'il ne sauroit faire le discernement d'un ami d'avec un ennemi.

L'Ecolier qui apprent malgré lui, ressemble à un amant qui n'a pas d'argent, le voïageur qui manque de bon sens, à un oiseau sans aisles ; un savant qui ne pratique pas ce qu'il sait, à un arbre sans fruit, & un Derviche sans science, à une maison sans porte.

Il n'est pas du bon sens de prendre un remede douteux, ni de voïager sans caravane par un chemin qu'on ne connoît pas.

Les richesses les plus completes consistent à se contenter de ce que l'on a, & le plus facheux de la pauvreté est de ne la pas supporter avec patience.

On attent inutilement cinq choses de cinq personnes differentes : Un présent du pauvre, du service du negligent, du secours de l'ennemi, du conseil de l'envieux, & un veritable amour d'une femme.

On se pert par deux sortes de moïens; par les richesses excessives, & par la grande demangeaison de parler.

Ne vous pressés pas de vous informer de ce que vous pouvés savoir un jour par vous-mesme; parce que cela feroit préjudice à la bonne opinion que l'on a de vous.

On n'est pas homme tant qu'on se laisse dominer par la colere.

Mesurés vos paroles à la capacité de ceux à qui vous parlés.

On est riche lors qu'on est content de ce que Dieu donne.

Un peu de beauté est préferable à beaucoup de richesses.

Qui frequente les méchans ne laisse pas que de faire tort à sa reputation, quoique leur compagnie ne l'ait pas encore corrompu. Il en est de mesme que de celui qui frequente les cabarets, on ne dit pas qu'il y prie Dieu;

mais, qu'il y boit du vin.

La moderation doit eftre confiderée comme un arbre dont la racine eft d'eftre content & le fruit d'eftre en repos.

Le pauvre de qui la fin eft heureufe eft préferable au Roi de qui la fin eft malheureufe.

Il n'eft pas du fage de reprendre une faute & d'y tomber lui-mefme.

Le Ciel donne de la pluïe à la terre; mais, la terre ne renvoïe au Ciel que de la pouffiere : C'eft qu'on ne tire d'un vafe que ce qu'il contient.

Le plaifir du monde eft d'avoir le neceffaire & non pas le fuperflu.

Le trop grand commerce avec le monde jette dans le mal.

L'amitié s'augmente en vifitant les amis; mais, en les vifitant peu fouvent.

Il appartient de donner confeil aux Rois, à ceux feulement qui ne craignent pas de perdre la vie, & qui n'attendent rien d'eux.

Perfonne ne fe fait plus de tort à lui-mefme que celui qui fait des foumiffions à qui n'a pas de confideration pour lui, & qui entretient une amitié dont il ne tire aucun avantage.

Ne laissés point passer devant vous ceux qui ne connoissent pas vostre merite.

Qui ne souffre pas quelque temps avec patience la peine qu'il y a d'apprendre, demeure long-temps dans l'obscurité de l'ignorance.

L'homme est la plus noble des créatures & le chien la plus méprisable. Cependant, il faut tomber d'accord qu'un chien reconnoissant est plus estimable qu'un ingrat.

Les nobles qui se rendent d'un facile accés en tirent deux avantages ; l'un, en ce que cela releve leur noblesse, & l'autre, en ce qu'ils en sont considerés davantage.

Qui obéit à ses passions n'est capable de rien, & c'est aussi pour cela qu'il n'est pas propre à commander.

La perfection consiste en trois choses : à observer sa Religion, à estre patient dans les disgraces, & à se conduire avec sagesse.

Puisque le monde n'est qu'un passage,

nous devons au moins nous estudier à faire en sorte qu'on y dise du bien de nous.

La douceur du chameau est si grande, qu'un enfant peut le conduire cent lieuës loin par le licou. Neanmoins, si l'enfant le conduit par un chemin dangereux, il resiste & ne lui obéit plus. Cela fait voir qu'il faut rejetter la douceur lorsque la severité est necessaire.

Un Prince qui n'a pas la justice, ressemble à une riviere sans eau.

De mesme que les viandes sont inutiles au malade; de mesme aussi tous les avertissemens, tous les conseils & toutes les Prédications ne servent de rien à celui qui est aveuglé de l'amour du monde.

Trois sortes de personnes font connoître en trois differentes rencontres ce qu'ils sont & ce qu'ils savent faire. Les gens de cœur dans le combat, les gens de bonne foi en rendant le dépost qu'on leur a confié, & les amis dans le temps du malheur & de la mauvaise fortune.

Il est du mensonge comme d'une plaïe qui laisse une cicatrice après elle. On ne
croit

croit plus le menteur, mesme quand il dit la verité, & cela arriva aux freres de Joseph.

Un savant qui ne pratique pas ce qu'il sait, ressemble à un nuage qui ne donne pas de pluïe.

Ce n'est pas avoir assés d'amis que d'en avoir mille ; mais, c'est trop d'ennemis que d'en avoir un seul.

La science chasse l'ignorance ; mais, elle ne chasse pas un esprit mal tourné.

Plus un ennemi paroist soumis, flateur & complaisant, & plus un bon politique doit se méfier de lui.

Deux choses sont embarassantes; se taire quand il faut parler, & parler quand il faut se taire.

Un seul homme au plus, peut tuer cent autres hommes de son sabre ; mais, il peut par sa prudence destruire une armée entiere.

Le riche qui n'est pas liberal ressemble à un arbre sans fruit.

Pourvû que vous ne vous lassiés pas de chercher, vous trouverés ce que vous cherchés.

Vous ne pouvés pas garder vostre secret ; quelle raison avés-vous de vous plaindre qu'un autre à qui vous l'avés declaré le public ?

Le pauvre qui n'a pas de patience, ressemble à une lampe sans huile.

Quoique la patience soit amere, neanmoins le fruit en est doux.

Celui à qui dans l'intention seulement de faire paroistre son éloquence & son bel esprit, il échape de dire plus qu'il n'est capable de faire, n'est pas long-temps à se repentir de son imprudence.

Il est de l'administration des affaires des Rois comme des voïages sur mer ; on y gagne, on y pert ; on y amasse des trésors, on y pert la vie.

Une femme sans pudeur ressemble à des viandes qui ne sont pas assaisonnées.

Le pauvre volontairement pauvre ne possede rien & rien ne le possede.

Le frere qui cherche ses commodités au préjudice d'un frere, n'est ni frere ni parent.

Un seul jour d'un savant vaut mieux que toute la vie d'un ignorant.

Il est moins facheux de mourir dans le besoin que de déclarer sa pauvreté.

Il est plus souhaitable de mourir glorieusement que de vivre miserablement.

Le méchant doit estre reputé pour mort lors mesme qu'il est vivant ; mais, l'honneste homme vit mesme parmi les morts.

Un Roi cruel ne doit pas esperer que son regne soit de longue durée, un orgueilleux qu'on le loue, un méchant d'avoir beaucoup d'amis, un avare de passer pour humain & pour un honneste homme, & un interressé d'estre estimé juste & équitable.

Jamais il ne faut découvrir son aversion ni à ses envieux ni à ses ennemis.

L'amitié des grands, le temps chaud en hyver, les douces paroles des Dames & la joïe des ennemis sont quatre choses ausquelles il ne faut pas se fier.

Jamais on ne doit rien entreprendre qu'après l'avoir bien examiné.

Le cœur d'une personne qui ne dépent de personne, doit estre le tombeau d'un secret quand on le lui a confié.

Il ne faut ni s'entretenir ni avoir aucun commerce avec les fous; parce que rien ne leur fait honte.

Qui possède un art peut dire qu'il est grand Seigneur.

L'envie est autant inséparable de l'envie, que le feu & la fumée sont inséparables.

Si un conseil ne réussit pas une fois, il réussit en un autre temps.

Le païs où l'on n'a pas d'amis, est un méchant païs.

L'envie est un feu qui prent flamme d'abord, & qui brusle également le vert & le sec. C'est un torrent qui emporte chaumieres & Palais.

Grands & petits sont chassés de chez eux pour une faute qu'un seul homme aura commise en toute une nation.

Les honneurs, les charges & les dignités ne recompensent pas de la peine qu'on se donne pour y arriver.

Souvent un esclave merite plus d'estime qu'un noble.

En de certains temps un livre tient

lieu d'une agreable compagnie.

Souvent la vie solitaire est une vie de gens qui ne peuvent & qui ne veulent rien faire.

Le jour auquel on ne fait pas quelque bonne action, ne doit pas estre mis au nombre des jours de la vie, non plus que le jour auquel on n'apprent pas quelque chose.

La mediocrité est la regle de toutes les affaires & de toutes les entreprises.

Il est impossible quand on n'a pas de complaisance qu'il ne naisse du trouble, mesme entre les parens & les alliés.

Un grand Monarque doit avoir la bonne reputation pour objet; parce que de toutes les grandeurs & de tout le fracas du monde, c'est la seule chose qui reste après lui.

Ne differés pas à demain ce que vous avés à faire aujourd'hui.

La marque d'une grande ame, est d'avoir pitié de son ennemi lors qu'il est dans la misere.

La liberalité est si agreable à Dieu, que c'est par elle qu'il se laisse appaiser

& qu'il fait miſericorde.

Peu de richeſſes bien ménagées durent long-temps; mais, de grands tréſors ne ſont pas de durée lors qu'on les prodigue.

Il ne faut pas ſe détacher d'un vieil ami pour ſe donner au premier venu, parce que jamais on ne ſe trouve bien de ce changement.

Qui fait du bien ne pert pas ſa récompenſe. Jamais un bien-fait ne perit ni devant Dieu ni devant les hommes.

Qui ſe porte bien, & qui a du pain & un lieu de retraite, ne ſe met au ſervice de perſonne ni ne voïage.

Si vous avés du reſpect pour les braves & pour les perſonnes de courage, ils ſont tout à vous: mais, ſi vous avés le meſme égard pour les laches, ils vous haïſſent & en deviennent plus inſolens.

L'avidité mene à l'infini, le plus ſûr eſt de ſe fixer. Ceux qui ne ſe fixent pas, ne ſont jamais riches.

Un peu de bonne amitié bien placée, vaut mieux qu'une grande amitié contractée avec legereté.

On ne peut se démesler des grands embarras qu'en deux manieres, ou par une fermeté constante, ou par la fuite.

Un Monarque qui s'abandonne entierement aux divertissemens, rent sa vie la premiere vie du monde en fait de plaisirs ; mais, pour s'acquitter de son devoir, il doit estre dans son Roïaume comme la rose au milieu d'un jardin où elle couche sur les épines.

Il ne faut pas mépriser les hommes à les voir rampans & mal vestus. La mouche à miel est un insecte desagreable à la vûë ; cependant sa ruche ne laisse pas que de donner une grande abondance de miel.

Les grands honneurs élevent un homme bien né ; mais, ils abbaissent un mal habile homme.

Les peuples joüissent du repos lors qu'ils sont gouvernés par des Princes qui ne mettent pas la teste sur le chevet pour en prendre. Le Monarque qui ne s'en donne pas, le fait naistre.

Il faut conferer son sentiment avec le sentiment d'un second ; parce que deux trouvent pluſtoſt la verité qu'un ſeul.

On ne doit pas ſe réjoüir de la mort d'un ennemi. Noſtre vie ne ſera pas éternelle.

Il faut agir pour ne pas tomber dans la pareſſe; il faut auſſi rapporter à Dieu tout ce que l'on acquiert par le travail, autrement on eſt dans une oiſiveté continuelle & condamnable.

Les fautes de la langue cauſent plus de mal qu'un faux pas. La teſte païe les fautes de la langue; mais, on ne chope plus en marchant moins viſte.

Le meilleur des hommes eſt celui qui fait du bien aux hommes.

La difficulté eſt grande de rendre ſavant celui qui ne ſait rien; parce que ſon ignorance lui fait croire qu'il en ſait plus que celui qui entreprent de l'inſtruire.

La pluſpart de vos amis s'approchent de vous pour avoir part à voſtre table, & d'abord que vos biens diminuent, ils vous abandonnent.

C'eſt aſſés d'un habit, d'une maiſon & de la nourriture d'un jour. Si l'on meurt à midi, on a la moitié de sa nourriture de superflu.

L'avare est un objet de malediction, tant à l'égard du monde qu'à l'égard de la Religion, & l'ennemi de tous les pauvres.

Il vaut mieux que vous fassiés le bien & qu'on parle mal de vous, que si vous estiés méchant & qu'on en dist du bien.

Patientés contre les entreprises de vos envieux, vostre moderation les jettera dans le desespoir, & vous arriverés au temps que vous les verrés tous perir.

Les amis interessés ressemblent aux chiens des places publiques, qui aiment mieux les os que ceux qui les leur jettent.

Quand vous serés dans la prosperité, aïés soin de vous y bien maintenir; parce que vous pourriés vous en priver vous-mesme par vostre faute.

Il ne s'agit pas de la naissance ni de la valeur pour arriver aux grandes charges, mais de la vivacité & de la force de l'esprit. Il n'y a rien à quoi on ne puisse aspirer quand on a de l'esprit.

L'avantage auquel un honneste homme doit aspirer à la Cour, est d'arriver, s'il le peut, à une dignité plus relevée que celle qu'il possede, afin d'estre en estat de faire du bien à ses amis, & d'empescher par l'autorité dont il est revestu, que ses ennemis ne puissent lui nuire.

Pour bien vivre, il faut mourir aux affections des sens & de tout ce qui en dépent.

Mille années de délices ne meritent pas qu'on hazarde sa vie un seul moment pour en joüir.

La passion de vivre à son aise & sans rien hazarder, est l'avant coureur d'une vie méprisable & ignominieuse.

On propose de se bien gouverner lors qu'on est malade, & l'on n'est pas plustost en santé qu'on retombe en de nouvelles débauches. On met son esperance en Dieu dans ses craintes, & on l'offense d'abord qu'on est en santé. Cela montre bien qu'il n'y a point d'actions pures & sinceres

En quelque entreprise que ce soit, il ne faut pas moins sçavoir comment on en sortira, que l'endroit par où on doit la commencer.

Vous ne recevés rien qu'à proportion de ce que vous donnés.

Qui veut s'avancer à la Cour, doit observer cinq choses : La premiere est de corriger le penchant qu'il peut avoir aux emportemens par la douceur & par la complaisance ; la seconde, de ne pas se laisser seduire par le Demon de l'orgueil ; la troisiéme, de ne pas se laisser vaincre par l'interest ; la quatriéme, d'estre sincere & droit dans l'administration des affaires dont il sera chargé ; & la cinquiéme, de ne pas s'ébranler pour tous les contre-temps qui lui arriveront.

Le service des Rois est une mer vaste où navigent des Marchands ; les uns y font naufrage & les autres en rapportent de grandes richesses.

Eloignés-vous de celui qui ne connoist pas de quoi il est capable, qui s'obstine dans les entreprises qui sont au dessus de ses forces, & qui se laisse conduire par ses passions. Il aura de la satisfaction pour un jour & plusieurs années à se repentir.

Les affaires sont conduites par les sages tant qu'elles vont bien ; mais, les méchans s'en chargent d'abord que les sages les abandonnent.

Craignés celui qui vous craint.

Il ne faut rien faire sans dessein.

La prudence fait la moitié de la vie.

Il faut s'abbaisser en demandant, afin d'estre élevé en obtenant sa demande.

La familiarité des Grands est perilleuse, c'est un feu auquel on se brûle.

Gardés-vous de la familiarité des Rois avec le mesme soin que le bois sec doit s'éloigner du feu.

Une méchante femme dans la maison d'un homme de bien est un enfer pour lui dans ce monde.

Le commencement de la joïe suit immediatement après la patience.

Qui ne combat point craint le danger & n'arrive jamais à la gloire.

On acquiert des richesses avec la patience, & l'on est à couvert des dangers par le silence.

Il est de l'interest des Rois de cultiver & de favoriser les personnes de merite, parce qu'ils en reçoivent des services proportionnés aux bien-faits par lesquels ils ont soin de les ménager.

On ne peut pas dire de l'avare, tout attaché qu'il est à ses richesses, qu'il en soit le possesseur.

La pensée au mal tire son origine de l'oisiveté.

Faites parade de vostre propre vertu, & ne vous fondés pas sur l'antiquité de vostre origine. Ne produisés pas un vivant par un mort, & ne donnés pas un mort pour un vivant.

Ne dites point de mal des morts, afin que le bien que vous aurés fait demeure dans la memoire des hommes.

Le bon emploi des richesses vaut mieux que la recherche qu'on en fait.

Les Rois & les sujets sont également malheureux, où les personnes de merite son méprisées, & où les ignorans occupent les premieres charges.

Les richesses qui ne sont pas emploïées à substenter la vie, ne sont utiles à rien.

Afin de n'estre pas insulté par les méchans, il faut avoir de la complaisance pour eux.

Le mal est plus grand de rendre le mal qu'on a reçû que de commencer à faire le mal.

On n'obtient pas tout ce que l'on souhaite.

Respondés à ceux qui vous font des demandes d'une maniere qu'ils ne puissent pas se facher.

Le moïen de punir les envieux, est de les combler de bien-faits.

Vos freres & vos amis sont ceux qui vous assistent dans la necessité.

La prudence souffre entre l'impossibilité & l'irresolution.

C'est rendre graces à Dieu des richesses qu'il donne que d'en faire des largesses.

Ne faites amitié avec personne qui ne soit exempt de colere.

Quand vous parlés, faites en sorte que vos paroles n'aïent pas besoin d'explication.

L'acquisition la plus précieuse, est celle d'un ami fidelle.

Il ne faut pas se fier aux apparences, le tambour avec tout le bruit qu'il fait, n'est rempli de rien.

N'aïés pas une méchante conscience; mais, aïés de la méfiance, afin que vous soïés sûr de n'estre ni surpris ni trompé.

Soit que l'on fasse le mal ou que l'on fasse le bien, rien ne demeure impuni, ou sans récompense.

Le bon succés dans les affaires, mesme dans les occasions les plus perilleuses, ne dépent ni de la force, ni du secours que l'on reçoit d'ailleurs ; mais, de la prudence & de la bonne conduite.

La sagesse est préferable à la force, parce qu'elle execute des choses dont la force ne peut venir à bout.

Le sage par ses paroles fait des choses que cent armées jointes ensemble ne peuvent pas executer.

Heureux celui qui corrige ses defauts sur les defauts des autres.

Les graces ne sont pas la récompense des bassesses qu'il faut faire pour les obtenir.

Il ne faut point parler qu'auparavant on n'ait pensé à ce qu'on veut dire, ni rien faire sans raison.

Ceux qui croïent trouver leur avantage dans les troubles & dans les seditions, ne manquent pas de les exciter.

Les meilleurs amis de ce siecle sont les espions de nos defauts.

Jamais on n'aura d'amis si l'on en veut avoir sans defaut.

Quand un Ministre avec le pouvoir absolu en main, est également arbitre des affaires secretes & des affaires generales de l'Estat, c'est un grand miracle s'il n'aspire pas à la puissance souveraine, & s'il ne fait point perir celui qui lui fait obstacle.

Le repos de l'ame consiste à ne rien esperer.

Il ne faut pas craindre du costé dont on se garde ; mais, du costé dont on s'imagine qu'on est en sureté.

Le savant indiscret est à charge à tout le monde.

Une méchante constitution ne peut se changer en une parfaite santé ; jamais aussi des mœurs corrompuës ne peuvent se changer en des mœurs loüables & irreprochables.

On est consideré & respecté en tout lieu quand on a de la vertu ; mais, l'ignorant est estranger en son propre Païs.

Qui met son application à acquerir

les sciences se met en estat de posseder toutes sortes de biens.

Donnés une bonne éducation à vos enfans, vous leur ferés plaisir.

Qui ne réussit pas dans l'execution des ordres qu'on lui a donnés, parce qu'on l'en a crû capable, merite d'estre excusé; car, il est à croire qu'il n'a rien oublié de ses soins pour en venir à bout.

Avoir de l'honnesteté & de la consideration pour les méchans & pour de mal-honnestes gens, c'est cultiver une épine & nourrir un serpent dans son sein.

Faites du bien au méchant, vous le ferés devenir homme de bien.

Les veritables richesses consistent dans la vertu & non pas dans la possession des grands biens, & la sagesse se trouve dans l'entendement & non pas dans les années.

Un serviteur enclin à mal faire, ne sort jamais du monde qu'il n'ait païé son maistre d'ingratitude.

Les Rois ne sont Rois que parce qu'ils ont des hommes, & les hommes ne peuvent vivre heureux sans Roi.

Vous qui estes dans les charges & dans les dignités, pourquoi vous déchargés-vous sur un autre d'un soin qui vous regarde? Pourquoi remettés-vous sur d'autres la faute que vous faites vous mesme?

Chaque action demande un génie particulier.

Les richesses augmentent à mesure qu'on les distribuë aux pauvres.

La trop grande réputation est souvent un embarras.

On n'est pas méprisable pour estre pauvre. Le Lion à la chaîne, n'en est pas moins vaillant.

Un seul homme ne peut pas resister à plusieurs autres hommes. Un moucheron renverse un Elephant avec sa grosseur épouvantable & avec toute sa force, & plusieurs fourmis ensemble mettent un Lion dans un grand embarras, lors qu'elles se jettent sur sa peau.

Les bonnes actions rendent la vie heureuse.

Qui donne conseil n'a que son conseil a donner, c'est à celui qui le reçoit de l'executer.

Les richesses & les enfans ne causent que du malheur.

Un Souverain doit estre réduit à de grandes extremités avant que de destruire l'ouvrage de ses mains en privant un Ministre de ses bonnes graces.

Un jeune homme qui a la sagesse d'un vieillard, est consideré comme un vieillard parmi les sages.

Un Prince juste est l'image & l'ombre de Dieu sur la terre.

Le service des Grands ressemble à la mer. Plus on y est engagé, & plus on y court de risque.

La verité est amere & dure à entendre.

On ne peut arriver à la possession de tout que par un abandonnement entier de toutes choses.

La vertu ne commence pas pluftost d'éclater que le vice l'insulte avec insolence.

L'homme n'a pas un plus grand ennemi que son ventre.

La vie de ce monde est un jeu d'enfans.

On ne peut pas dire qu'on ait pensé

meurement à ce que l'on fait, lorsque la fin ne correspont pas à ce qu'on s'estoit proposé.

L'ami de qui on doit faire le moins d'estat, est celui pour qui il faut avoir des égards.

Afin que ce que vous souhaités vous soit avantageux, ne souhaités rien au delà de ce qui vous est convenable.

C'est une espece de bien-séance parmi les personnes de débauche de dire le mot pour rire; mais, la mesme liberté n'est pas bien-séante à ceux qui font profession d'estre sages.

L'avidité est une maladie bien dangereuse, elle attaque l'ame & le cœur, & elle est si pernicieuse, que chacun s'éloigne de ceux qui en sont attaquez.

Les plus méchans des hommes sont ceux qui ne veulent point pardonner.

Comme on le prétent, on ne peut pas éviter le destin. Mais, il est bon de ne rien faire qu'avec précaution.

C'est faire un second présent que de le faire avec un visage ouvert.

La noblesse n'est point parfaite qu'

elle ne soit souftenuë par les bonnes actions.

La médifance & la calomnie ne quittent jamais prife, qu'elles n'aient anneanti l'innocent qu'elles ont une fois attaqué.

A la fin de voftre vie, mettés ordre aux chofes que vous avés negligées au commencement.

On doit faire plus de fondement fur la promeffe des honneftes gens que fur les dettes des méchans païeurs.

C'eft un crime & une rebellion à un Miniftre de porter un Roi à ne pas tenir fa parole.

La juftice caufe plus de bien que les grandes armées, & deffent plus furement que les citadelles les mieux fortifiées.

Les amis intereffés reffemblent à de méchans chiens, qui n'ont pas d'autre inclination que d'eftre toûjours au tour d'une table.

Ne frequentés pas ceux qui ne connoiffent pas ce que vous valés.

Le refpect eft le lien de l'amitié.

Confiderés voftre eftat & laiffés les

jeux & les mots pour rire aux jeunes gens.

La colere veut eſtre appaiſée par des addouciſſemens pluſtoſt que par des voïes d'aigreur. Pour éteindre un incendie, il vaut mieux y jetter de l'eau que du feu. Le feu ne ſerviroit qu'à l'augmenter.

Cinq choſes ſont les plus inutiles du monde : Un flambeau en plein midi, un beau viſage devant un aveugle, une pluïe abondante dans un deſert & ſur une campagne ſterile, un bon feſtin devant des gens raſſaſiés, & la verité avec la ſcience propoſée à un ignorant.

Les ſages n'ont que leur conſeil à donner. Ils ne ſont pas garants de l'execution, elle dépent de ceux qui les conſultent s'ils ont du bon ſens.

On ſe rent venerable & reſpectable en s'abſtenant des détours & des tromperies.

Quatre choſes réjouïſſent particulierement la vûë. Une prairie émaillée de fleurs, une eau coulante, un vin pur & la préſence des amis.

Il est de la science & des belles connoissances sans la pratique, comme de la cire qui n'a plus de miel, comme de la parole que l'effet ne suit pas, & comme d'un arbre sans branches qui n'est bon qu'à estre jetté au feu.

Ne frequentés pas l'ignorant qui croit estre savant.

Qui a la faveur d'un Prince fait tout le mal qu'il lui plaist, & on lui applaudit.

Ne laissés pas de dire la verité, quoique vous sachiés qu'elle est odieuse.

Le nombre d'hostes à table, est la benediction de la maison.

Cinq choses sont inutiles quand elles ne sont pas accompagnées chacune d'une autre chose : La parole sans effet, les richesses sans œconomie, la science sans les bonnes mœurs, l'aumône sans intention & hors de propos, & la vie sans la santé.

Si vous voulés que vostre ennemi ne sache pas vostre secret, ne le revelés pas à vostre ami.

L'avarice, la concupiscence & l'amour de soi-mesme sont trois choses qui abbregent la vie.

Le noble qui vit sans dignité ne doit pas estre censé au nombre des vivans.

Si vous voulés vivre sans inquietude dans les dignités, faites des actions dignes de vostre caractere.

Quand des sujets mal traittés par des Officiers subalternes, ne peuvent pas faire de remontrances au Prince, parce que la trop grande autorité du Ministre leur en oste les moïens; leur sort est semblable à celui d'un homme pressé de la soif, qui s'approche du Nil pour boire & qui y apperçoit un Crocodile, dont la vûë lui hoste la hardiesse de prendre de l'eau.

Le tombeau seul peut étouffer la concupiscence.

Il vaut mieux se laisser mourir de faim que d'arracher le pain des pauvres.

Les viandes sont la nourriture du corps; mais, les bons entretiens sont la nourriture de l'ame.

Ceux qui commettent les crimes les plus énormes sont en quelque façon plus tolerables qu'un pauvre rempli d'orgueil.

La durée d'un mensonge n'est que d'un moment ; mais, la verité subsiste jusqu'au jour du Jugement.

Il est des Princes comme des beautés. Plus une beauté a d'amans, & plus sa gloire est grande. De mesme, plus la Cour d'un Prince est nombreuse & remplie de Courtisans, & plus le Prince est estimé & consideré.

Le plus grand des affronts est celui qu'on reçoit lorsque ce qu'on a avancé est connu publiquement pour faux.

La plus grande des lachetés est d'avoir le pouvoir de faire du bien à qui en a besoin & de ne vouloir pas le faire.

Les bonnes mœurs doivent estre l'ornement des hommes, & l'or l'ornement des femmes.

Si quelqu'un vous reprent de vos defauts, ne vous chagrinés pas contre lui, mais chagrinés-vous des choses qu'il vous dit.

La science est dommageable à celui qui la possede, lors qu'elle n'est pas accompagnée de sagesse & de bonne conduite.

Les viandes empoisonnées sont préferables à des discours dangereux.

Si vous voulés ne pas estre un méchant ami, ne soïés pas vindicatif.

Il y a six choses sur lesquelles il ne faut pas fonder son esperance : L'ombre d'un simple nuage, parce qu'il ne fait que passer. L'amitié des mal-intentionnés, parce qu'elle passe comme un éclair. L'amour des femmes, parce qu'il s'éteint pour le moindre sujet. La beauté, parce qu'à la fin elle se ternit quelque accomplie qu'elle soit. Les fausses loüanges, parce qu'elles n'aboutissent à rien ; & enfin, les richesses & les biens de ce monde, parce qu'ils se dissipent & qu'ils se consument.

Si vous desirés vivre sans déplaisir, n'aïés point d'attache pour tout ce qui se passe dans le monde.

Pour ne pas recevoir un affront, n'ostés pas de sa place, ce que vous n'avés point placé.

Un méchant homme heureux est indigne de son bonheur.

Afin qu'on ne découvre pas vos defauts, ne découvrés pas les defauts des autres.

Combattés contre vous-mesme, vous acquerrés la tranquillité de l'ame.

Ne faites rien par passion, vous vous exempterés d'un long repentir.

Si vous voulés vous acquerir de l'estime, aïés de l'estime pour les autres.

Pour estre agréable à tout le monde, accommodés vostre discours suivant l'inclination de chacun.

Ne riés pas sans sujet, c'est une double folie de rire de cette maniere.

La belle raillerie est dans le discours ce que le sel est dans les viandes.

Raillés avec vos égaux, afin que vous ne vous fachiés pas s'ils vous rendent raillerie pour raillerie.

On ressemble à ceux que l'on frequente.

N'aïés jamais querelle avec personne. La querelle est indigne d'un honneste homme. Il n'appartient qu'aux femmes & aux enfans de quereller.

Les richesses les mieux emploïées

sont celles qu'on emploïe pour l'amour de Dieu.

Le remede d'un cœur affligé est de se remettre à la volonté de Dieu.

Si l'occasion vous oblige de quereller, ne dites pas tout ce que vous savés de celui contre qui vous aurés querelle ; faites-le d'une maniere qu'il y ait lieu de venir à un accommodement.

La concupiscence est la maladie de l'ame.

La parole est la marque de l'esprit de l'homme, & ses actions sont la marque du fond de son cœur.

Il est plus difficile de bien ménager les richesses que de les acquerir.

La présence des amis cause une veritable joïe & une joïe de durée.

Peu de richesses ménagées avec œconomie valent mieux que de grands trésors mal emploïés.

L'élevation des personnes qui n'ont pas de merite, est un sujet de chagrin pour les hommes de bien.

La grande dépense ameine la pauvreté.

La grandeur des Rois éclate dans

l'administration de la Justice.

Le repos & la santé du corps s'acquierent par le travail.

Ne prestés de l'argent à vostre ami que le moins que vous pourrés, pour éviter le chagrin de le redemander. Si vous estes obligé de lui en prester, faites estat que vous le lui avés donné, & ne le redemandés pas ; mais, attendés qu'il vous le rende.

Moderés-vous envers celui qui vous cause du mal, vous le confondrés.

La consolation des affligés est de voir leurs amis.

Un ami devient facilement ennemi, & quand une fois il est ennemi, il est difficile qu'il devienne ami une autre fois.

C'est un defaut dommageable aux entreprises que de s'y appliquer avec trop d'attache & trop d'empressement.

Les plaisirs que l'on gouste auprès des Princes brûlent les lévres.

L'éloquence est la source des richesses.

Faites part de ce que vous avés à ceux qui le meritent ; mais, gardés-vous de convoiter ce que les autres possedent, si vous voulés passer pour un parfaitement honneste homme.

Si vous voulés que vostre femme soit sage, ne la prenés pas au dessus de vostre estat.

Un pere doit estre grave & serieux avec ses enfans, afin qu'ils ne le méprisent pas, & qu'ils le craignent toûjours.

Honorés vostre pere, vostre fils vous honorera de mesme.

Gardés-vous d'un ami qui aime vostre ennemi.

Le degré de la science est le plus haut de tous les degrés d'élevation.

Il faut rompre entierement avec les amis qui rompent sans sujet.

Personne n'est sans defauts ; mais, faites en sorte que vous n'en aïés pas.

Il faut se faire ami des méchans de mesme que des bons ; parce que, quelquefois on a besoin du secours des premiers comme du secours des derniers.

La joïe de la vie procede d'une conscience pure & nette.

Une drachme d'or donnée à un pauvre de tes proches, vaut plus que cent drachmes données à un autre qui ne te touche pas.

Mesurés chacun suivant sa mesure.

Il faut de son costé estre fidelle & sincere en amitié, & vivre avec ses amis comme s'ils devoient rompre un jour. On ne sait si à la fin ils ne pourroient pas devenir ennemis.

Il est plus aisé que la science perisse, qu'il n'est aisé que les savans meurent.

Frequentés le monde, chacun à proportion de son merite.

La devotion du peuple est une superstition.

Le pauvre ne doit pas faire amitié avec un plus puissant que lui; parce que, ceux qui sont au dessus de nous ne nous aiment jamais parfaitement.

A considerer d'où l'homme est sorti, il est estrange qu'il puisse se glorifier.

Chacun fait pour soi le bien ou le mal qu'il fait.

Ne faites pas amitié avec des amis interessés; parce qu'ils n'ont pour but que leur interest, & point d'amitié.

Méfiez-vous toûjours de deux sortes de personnes ; d'un puissant ennemi & d'un ami dissimulé.

En quelque coin du monde que ce soit, on a toûjours à souffrir.

Ne vous faites pas ennemi d'un plus puissant que vous.

Ne raillés personne qui soit d'un esprit inégal ou estourdi.

Il vaut mieux orner le dedans que le dehors.

Qui n'a point d'ami est estranger en quelque endroit qu'il aille.

La méfiance est une marque de sagesse & de prudence.

Les plaisirs que vous prenés en ce monde ne sont que tromperie.

Si l'on vous a imputé quelque mauvaise action, aïés grand soin de vous en purger.

Si vous avés quelque ordre à executer, executés-le seul & sans compagnon, afin que vous ne manquiés pas dans l'execution, & que vous aïés l'approbation de celui qui vous aura commandé.

Si l'on vous demande pardon d'une
offense

offense qu'on vous aura faite, pardonnés d'abord & persuadés-vous qu'on ne vous a offensé que pour éprouver vostre clemence.

Les savans sont les veritables nobles & les veritables Seigneurs dans chaque Nation.

N'offensés personne pour n'estre pas dans l'obligation de demander pardon.

Les mœurs déreglées sont l'yvresse des mortels.

Si le malheur vouloit que vous fussiés obligé de demander pardon ; faites-le promptement, afin d'éviter le blasme d'estre opiniastre.

L'élevation de l'homme consiste dans l'humilité.

Ne cherchés pas de dignités que vous ne les meritiés.

Il n'y a pas d'offense si grande qui ne merite d'estre pardonnée.

L'opprobre de la science, est d'estre pourvû de peu de science.

L'avarice est le chastiment du riche.

Un peu de discernement dans les actions vaut beaucoup mieux qu'une multitude d'actions faites sans choix & avec inconsideration.

Vos cheveux blancs sont les avant-coureurs de vostre mort.

Une des loix de l'amitié est de n'estre pas importun.

Qui est au service des Princes & des Grands doit observer cinq choses pour ne pas donner prise à ses ennemis. Jamais il ne doit estre surpris en mensonge par son maistre, jamais il ne parlera mal de personne devant lui, il ne lui contestera rien, il ne fera rien de contraire aux ordres qu'il aura reçûs, & il ne revelera à personne le secret qui lui aura esté confié.

On pert le credit que donnent les richesses, à proportion qu'elles diminuent.

L'honnesteté consiste principalement en trois choses; à faire les choses ausquelles on est engagé, à ne rien faire contre la verité, & à se moderer dans ses actions.

La patience vous fera venir à bout de toutes choses.

C'est estre plus que tyran de soi-mesme que de s'humilier devant ceux qui n'en savent pas de gré, & de s'attacher ceux de qui on n'a aucun avantage à esperer.

Quand on est envieux, on n'a plus d'égard ni pour les devoirs de la Religion, ni pour les loix de l'équité & de la justice.

Les voïages forment l'esprit, & outre que par-là l'on apprent la vertu, c'est aussi une voïe pour acquerir des richesses.

On a du penchant à devenir ennemi lors qu'on ne veut pas écouter le conseil d'un ami.

Les hommes font paroistre de la folie en cinq occasions differentes ; lors qu'ils establissent leur bonheur sur le malheur d'autrui, lors qu'ils entreprennent de se faire aimer des Dames par la rigueur, & en leur donnant plustost des marques de haine que des marques d'amour, lors qu'ils veulent devenir savans au milieu du repos & des plaisirs, lors qu'ils cherchent des amis sans faire des avances, & lors qu'estant amis ils ne veulent rien faire pour secourir leur amis dans le besoin.

L'homme se maintient & se tire

des méchantes affaires par la sincerité.

Le silence est un voile sous lequel l'ignorant se cache.

Le plus cuisant de tous les coups est celui qu'on reçoit d'un ami.

Qui dépense plus qu'il n'a de revenu, tombe à la fin dans la pauvreté.

L'ordre & l'égalité sont loüables en toutes choses ; mais particulierement dans les affaires du ménage.

Les pauvres ont toûjours les mains vuides, & jamais ils n'obtiennent ce qu'ils souhaittent.

Qui a le cœur estroit est pire que celui de qui la main n'est pas ouverte.

On réussit toûjours mieux dans ce qui est de sa profession que dans ce qui n'en est pas.

L'eau, si claire qu'elle puisse estre, n'a pas la vertu de blanchir du drap teint en noir ; de mesme, rien n'est capable de faire changer un méchant naturel.

Lorsque vous vous approchés des Grands, que vostre compliment soit court, parlés peu, & retirés-vous promptement.

Le monde est trop estroit pour deux ignorans qui ont querelle ensemble.

On peut bien tromper la créature; mais, on ne trompe pas le Créateur.

Trois sortes de personnes inclinent à la rebellion. Le sujet qui ne rent pas à son Prince ce qu'il lui doit, le malade qui cache sa maladie à son medecin, & celui qui ne découvre pas sa pauvreté à son ami.

Peres, vos enfans & vos richesses sont cause de vostre perte.

Qui n'a pas la main ouverte a toûjours le cœur fermé.

Qui n'a pas d'amis devroit se retirer dans un desert pluftost que de vivre parmi les hommes.

Tous ceux qui paroissent estre amis ne le sont pas, & souvent lors qu'on croit en avoir rencontré un bon, il arrive qu'on s'est trompé.

Qui ne se donne pas un peu de patience dans l'acquisition des sciences, soupire long-temps dans les tenebres de l'ignorance.

Ne frequentés pas les méchans, parce qu'il suffit de les frequenter pour estre estimé criminel, quoique l'on soit innocent.

N'empruntés rien de vostre ami, si vous souhaités que son amitié continuë.

Heureux celui qui joüit de la santé.

La sagesse est une folie auprès des fols, de mesme que la folie est folie auprès des sages.

Qui souffre moins, vit davantage.

Frequentés le monde, la solitude est un demie folie.

Plus on a d'esperance, plus on souffre.

Les hommes peuvent se considerer comme partagés en quatre classes : Les premiers, manquent de tout en ce monde, & ont toutes choses en abondance dans l'autre : Les seconds ont toutes choses en ce monde, & manquent de tout dans l'autre : Les troisiémes ne manquent de rien & sont heureux en ce monde & dans l'autre, & les quatriémes n'ont rien en ce monde ni dans l'autre.

Evités les procès. Ils ressemblent à un feu qu'on a de la peine à esteindre, quand une fois il est allumé.

La tyrannie renverse le Tyran en peu de temps.

Le gouvernement tyrannique des Rois est plus tolerable que le gouvernement populaire.

La bonne réputation est la chose du monde la plus souhaitable.

Les grands font la cour à ceux qui sont plus grands qu'eux.

Si vous faites du bien, on vous rent bien pour bien ; mais, si vous faites du mal, on vous rent un plus grand mal.

La passion des richesses est quelque chose de plus violent que la soif.

On est esclave des présens quand on en reçoit.

Plus on se donne de peine dans une entreprise, pluftost on en vient à bout.

Les grandes ames tiennent leurs promesses & excusent ceux qui ne tiennent pas ce qu'ils ont promis.

Le mieux est que chacun fasse ses propres affaires pour en estre content.

Un homme de Lettres fait plus d'estat d'une ligne des compositions d'un savant que d'un tréſor.

Le ſilence eſt la ſageſſe meſme ; mais, peu de gens le gardent.

Vivés content, vous vivrés en Roi.

Qui eſt libre & qui veut vivre libre & content, doit obſerver deux choſes ; l'une, de ne pas ſe marier, quand on lui donneroit la fille de l'Empereur de la Grece pour femme, & l'autre de ne pas contracter de dettes, quand on lui feroit credit juſqu'au jour du Jugement.

Ne faites pas eſtime d'un homme ſans vertu, quand il ſeroit le plus grand & le plus puiſſant du monde.

Le repentir le plus grand eſt celui d'avoir fait du bien à un ingrat.

Toutes choſes ſont difficiles avant que d'eſtre faciles.

Ne vous travaillés pas l'eſprit pour les biens de ce monde. Quand le jour de demain ſera arrivé, il apportera avec lui la nourriture de demain.

Une prompte mort eſt le chaſtiment du Tyran.

Le plus ſouvent qui veut tromper

les autres, se trouve trompé lui-mesme.

Plus on est avancé dans le service & dans la faveur des Princes, & plus le danger auquel on est exposé est grand.

L'attache pour le monde est l'origine de tout vice.

La compagnie de ceux pour qui on a de l'aversion, est quelque chose de pire que la mort.

La verité est si essentielle à l'homme, qu'il lui est beaucoup plus avantageux de ne point parler, que de rien dire qui lui soit contraire.

La marque d'une méchante cause est de dire des injures contre sa partie.

La langue du sage est derriere son cœur, & le cœur de l'insensé derriere sa langue.

La diligence n'est bonne que dans les affaires qui sont aisées.

La réputation que l'on acquiert par la vertu est préferable à l'éclat de la naissance.

La veritable prudence est de voir dès le commencement d'une affaire quelle en doit estre la fin.

Jamais ce qu'on entreprent par ignorance n'a bonne issuë.

Le rapport de quelque defaut au desavantage d'un honneste homme, est un témoignage de sa vertu.

Il vaut mieux mourir avec honneur que de vivre dans l'infamie.

Moins on a d'argent, & moins on a de credit dans le monde.

Le sage veritablement sage n'a point d'attache pour les richesses.

Chaque cœur a son soin particulier.

Ne vous affligés pas d'estre privé des biens du monde, ils ne sont rien. La mesme raison ne veut pas aussi que leur possession vous soit un sujet d'orgueil.

Qui nie d'avoir reçû un bien-fait, destruit le merite de l'avoir reçû.

L'honneste homme ne meurt jamais, mais l'on peut compter pour mort celui qui ne l'est pas.

Qui ne combat point, ne remporte pas la victoire.

Perseverés dans vostre entreprise, vous en surmonterés les difficultés.

On vit avec plaisir lors qu'on a des amis ; mais, la vie est pleine d'inquietudes lors qu'on a des ennemis.

Les bonnes actions retombent sur ceux qui les font ; mais, le mal que font les méchans est contre eux-mesmes.

Les vieillards n'ont pas besoin d'une plus grande maladie que la vieillesse.

Le malheur des méchans, est que le souvenir de leur méchanceté ne se pert pas, quoi qu'ils se corrigent.

Il faut s'entretenir avec chacun suivant la portée de son esprit.

La vieillesse ne fait point partie de la vie.

La science n'est pas nuisible à un Monarque.

La seule inimitié de l'envieux est irreconciliable.

Il y a de grands profits à faire dans les voïages de mer ; mais pour éviter le danger, le plus sûr est de ne pas s'embarquer & de demeurer sur le rivage.

Le visage ouvert en parlant, marque qu'on dit la verité.

Les richesses doivent servir pour le repos de la vie ; mais, la vie ne doit pas estre emploïée pour les amasser.

C'est un déreglement qui n'est pas excusable, de placer un bien-fait ailleurs que là où il est necessaire.

Il est plus important de fuir de vous-mesme, que de fuir devant un lion.

On ne peut pas faire de fondement sur l'amitié des Grands ; parce qu'ils changent à la moindre occasion.

Qui n'a pas la vertu n'est pas riche.

On recherche vos richesses de la mesme maniere que vous recherchés les richesses des autres.

Ménagés-vous entre deux ennemis de maniere qu'ils n'aïent pas sujet de se plaindre de vous, s'il arrive qu'ils deviennent amis.

Lors qu'une affaire ne vous réussit pas d'un costé ; tournés-vous d'un autre qui vous soit plus avantageux.

On s'acquiert de l'autorité sur sa nation par la liberalité.

Il ne faut pas risquer sa vie pour une affaire qui peut s'accommoder pour de l'argent.

On devient heureux par l'amitié d'un ami heureux.

Rassurés-vous, lorsque vos ennemis sont en division ; mais, fuïés lorsque vous verrés qu'ils seront d'accord & unis ensemble.

Qui prent conseil de lui-mesme, a besoin d'un autre conseil.

On est estimé dans le monde à proportion qu'on a de bonnes qualités, de perfections & de belles connoissances.

Ne vous fiés pas aux carresses de vos ennemis, & ne vous enflés pas des loüanges que les flateurs vous donnent. Les uns vous tendent des pieges & les autres aspirent après vos biens.

Ceux qui parlent ne disent jamais rien de bon, qu'on ne leur ait fait connoistre qu'ils ne parlent pas bien.

Ne vous applaudissés pas ni dans vos discours, ni dans vos pensées, n'applaudissés pas aussi au discours d'un ignorant.

L'impatience dans l'affliction, est le comble de l'affliction.

Qui ne fait pas le bien dans la prosperité, souffre davantage dans la disgrace.

Le malheur de celui qui maltraite tout le monde, est de ne pas trouver un ami dans sa misere.

La santé ne s'accorde pas avec la débauche.

Ce que l'on acquiert avec facilité ne dure pas long-temps.

Le silence est la plus belle qualité de l'ignorant, & ce n'est pas estre ignorant que de l'avoir.

Lorsque quelqu'un fait un recit mieux que vous ne le feriés, ne l'interrompés pas, quoique vous croïés bien savoir la chose.

La fortune ne vous est pas favorable ? Que cela ne vous embarrasse pas, accommodés-vous à ses caprices.

Ne publiés pas les defauts de vostre prochain, vous vous rendés méprisable en le blamant.

Il n'est pas estonnant que le savant garde le silence parmi les guerriers. Le bruit des tambours étouffe l'harmonie du lut.

Il n'est pas sûr de se fier à une personne de qui l'humeur est changeante.

Il ne faut pas avoir honte de demander ce qu'on ne sait pas.

Ce n'est pas un malheur d'estre privé de trésors remplis d'or & d'argent. On a toûjours à choisir le trésor de la pauvreté, contente de ce qu'elle possede. Qui a donné les premiers aux Monarques, a donné celui-ci aux pauvres.

De toutes les maladies, l'ignorance est la plus dangereuse. Il n'y a pas de remede qui puisse la guerir, pas de flambeau qui puisse dissiper ses tenebres, & pas de confortatif qui puisse la faire revenir de ses égaremens.

Il est rude d'estre sujet au commandement après avoir commandé, & d'estre exposé aux mauvais traitemens après avoir esté élevé dans la délicatesse & dans les plaisirs.

On ne regarde pas à mille crimes d'un homme du commun ; mais, pour une seule faute, on poursuit un Prince d'un Païs dans un autre.

C'est faire souvenir que l'on a manqué, que de s'excuser plus d'une fois.

Ne maltraittés pas vos domestiques

mal à propos, vous ne les avés pas créés. Quittés vostre humeur facheuse contre eux, & souvenés-vous qu'ils ont un plus grand maistre que vous.

Il est contre la bien-séance de reprendre en public.

Un bon intercesseur sert d'aisles au demandeur.

Les Rois sont pour maintenir & pour faire observer les Loix, & les Loix bien observées augmentent la gloire des Rois.

Les largesses d'un ignorant ressemblent à de belles fleurs plantées sur un fumier.

Le découragement est beaucoup plus douloureux que la patience.

Il n'y a pas de Rois sans sujets ; mais, si les sujets ne sont riches, les Rois doivent les compter pour rien.

Celui à qui l'on demande est libre jusqu'à ce qu'il ait promis.

La raison qui fait qu'on préfere son Païs à tout autre, est qu'on croit y estre plus en sûreté qu'ailleurs.

L'ennemi le plus dangereux est celui qui cache ses desseins.

Qui demande & qui obtient ce qui ne lui convient pas, ne peut en tirer aucun secours.

Qui écoute médire est lui-mesme du nombre des médisans.

Le desir d'avoir le bien d'autrui est de la derniere bassesse.

La prudence dans les Heros doit préceder la valeur.

Les Traités, les Contrats & les Promesses n'ont lieu qu'autant qu'on a de bonne foi à les observer.

Le desir déreglé n'arrive jamais où il aspire.

On connoist les personnes de courage dans les occasions perilleuses, un homme de conscience lors qu'il s'agit de rendre le dépost qu'on lui a confié, & les amis dans la necessité.

L'esclave de ses passions est plus digne de mépris qu'un esclave acheté à prix d'argent.

L'envieux est toûjours en colere contre celui qui ne l'a pas offensé.

Soïés toûjours humble en quelque estat que vous vous trouviés.

On travaille souvent à ce qui est nuisible.

En quelque maison que vous entriés soïés maistre de vos yeux & de vostre langue.

* Avant que de parler, songés à ce qu'on pourra vous dire.

On est libre sans esperance, & l'esperance est esclave.

Il faut se moderer en deux sortes de rencontres, dans le manger & dans le parler.

L'ami de qui l'amitié est interessée, ressemble au chasseur qui jette du grain pour son propre interest, & non pas pour nourrir les oiseaux.

Ne procurés pas aux autres ce que vous ne croïés pas vous estre avantageux.

Ne communiqués vostre secret ni aux femmes ni aux jeunes gens.

Malheureux & maudits ceux qui n'ont pas d'autre pensée que d'amasser des richesses ! Ils meurent à la fin, & ils les abandonnent avec regret.

Ne vous meslés pas d'enseigner ce que vous n'avés pas appris.

Ne tenés pas de longs discours avec les personnes qui sont au dessus de vous.

Qui n'est pas secouru par ses inferieurs, est vaincu par ceux qui sont au dessus de lui.

La mort est le repos des pauvres.

Gardés-vous en voïage de prendre le devant sans estre en compagnie.

Une action méchante dans le fond & bonne seulement en apparence, n'est estimée que pour un temps ; mais, l'estime que l'on a pour une action veritablement bonne, ne cesse jamais.

Souvent les Rois parlent en public de leurs ennemis avec mépris, dans le temps que sous main ils traittent de la Paix avec eux.

Il vaut mieux marcher & se reposer de temps en temps, que de courir & manquer de forces à force de courir.

Pourquoi se repent-on une seconde fois d'une action dont on s'est déja repenti ?

Pourquoi s'imagine-t'on que l'on vit, lors qu'on ne vit pas indépendamment de personne ?

Pourquoi faites-vous amitié avec

des personnes qui n'ont pas de merite ? Telles gens ne meritent pas qu'on ait ni amitié ni inimitié pour eux.

Faites justice aux autres, afin qu'on vous la fasse à vous-mesme.

Si vous voulés vous acquerir de l'autorité sans peine, soïés complaisant.

Si vous souhaités que vostre merite soit connu, connoissés le merite des autres.

Pour estre accompli, n'approuvés pas dans les autres ce que vous n'approuvés pas en vous-mesme.

La raillerie agréable fait dans la conversation le mesme effet que le sel dans les viandes ; mais, la raillerie piquante engendre l'aversion.

Ne raillés pas avec vos inferieurs, afin de ne pas commettre le respect qu'ils vous doivent ; mais avec vos égaux, afin que vous n'aïés pas de confusion s'ils vous rendent raillerie pour raillerie.

La plus excellente des vertus morales est le peu d'estime de soi-mesme. Elle a cet avantage, qu'elle ne s'attite l'envie de personne.

Ne donnés jamais conseil qu'on ne vous le demande, particulierement à ceux qui ne sont pas capables d'en écouter.

Dites de bonnes choses, vous en entendrés de bonnes.

Ne prodigués pas vos bien-faits à ceux qui ne sont recommandables par aucune bonne qualité, vous feriés la mesme chose que si vous semiés dans des campagnes sallées.

Quand vous n'avés pas des savans près de vous de qui vous puissiés apprendre, apprenés des ignorans en observant leurs defauts pour éviter d'y tomber.

L'ignorant n'est pas homme, & le savant sans la vertu n'est pas savant.

Rendés-vous estimable par la reputation de dire la verité; afin que si la necessité vous oblige de dire un mensonge, on croïe que vous aïés dit la verité.

Un mensonge agreable est préferable à une verité qu'on ne peut gouster.

L'homme doit parler, parce que c'est la parole qui le distingue des bestes; mais en parlant, il doit savoir ce qu'il dit, afin qu'on connoisse qu'il est homme d'esprit.

Dites ce que vous savés en temps & lieu; mais, ne le dites pas à contre-temps, pour ne pas deshonorer la science.

Ne parlés à personne en particulier dans les compagnies, quand mesme vous diriés de bonnes choses; parce que naturellement les hommes se méfient les uns des autres.

Quoique vous soïés savant; neanmoins croïés que vous estes ignorant, afin que vous ne vous priviés pas de l'avantage de pouvoir apprendre.

Quoique celui qui parle beaucoup soit sage d'ailleurs; neanmoins, il passe dans le monde pour un indiscret & pour un broüillon.

Quelques perfections que vous aïés ne vous en vantés point; parce qu'on ne vous en croira pas sur vostre parole.

Ne vous lassés pas d'écouter; parce

qu'on apprent à parler en écoutant les autres.

Comment ceux qui font dans la faveur des Rois dorment-ils en sûreté ?

Pourquoi n'appelle-t'on pas ennemi celui qui voit & qui laisse maltraitter son bien facteur ?

On peut bien vivre sans frere, mais on ne peut pas vivre sans ami.

Quelques amis que vous aïés, ne vous negligés pas vous-mesme. Quand vous en auriés mille, pas un ne vous aime plus que vous devés vous aimer vous-mesme.

Comme les Rois sont au dessus de tous, il faut aussi que leurs paroles & leurs actions surpassent les paroles & les actions de tous, afin qu'ils puissent avoir la reputation de grandeur à juste titre.

Le caractere d'un homme sage consiste en trois choses, à faire lui-mesme ce qu'il dit aux autres qu'il faut faire, à ne rien faire contre l'équité, & à supporter les defauts de son prochain.

La plus grande des obligations est

celle du disciple envers le maistre.

La force ne consiste pas à renverser un ennemi par terre; mais, à dompter sa colere.

Ne vous réjoüissés pas de la mort de personne, parce que vous ne vivrés pas toûjours & que vous mourrés comme les autres.

Qui est ami des bons, n'a rien à craindre des méchans.

Deux choses causent de l'affliction, un ami triste, & un ennemi joïeux.

N'aïés point de liaison avec huit sortes de personnes, avec un envieux, avec celui qui n'aura pas d'égard pour vous, avec un ignorant, avec un insensé, avec un avare, avec un menteur, avec un homme du vulgaire, ni avec un calomniateur.

La vie est un sommeil & la mort est le temps du réveil, & l'homme marche entre l'un & l'autre comme un phantôme.

Le liberal est voisin de Dieu, voisin des hommes, voisin du Paradis & éloigné du feu de l'enfer.

Quelque bien que vous aïés fait à une femme, quelque long-temps qu'elle ait

ait mangé du pain & du sel avec vous, vostre cadavre après vostre mort n'est pas encore dans la terre qu'elle songe à prendre un autre mari.

La haine entre les parens est pire que la piqueure d'un scorpion. La douleur que cause la piqueure d'un scorpion est de peu de durée; mais, la haine entre les parens dure toûjours.

Le moïen de ne pas s'ennuier dans les bonnes compagnies, est d'y dire de bonnes choses, ou de se taire & d'écouter les autres.

Un bon conseil fait beaucoup plus d'effet qu'un sabre, il peut ruiner une armée entiere, & c'est beaucoup si un sabre peut oster la vie à cent des ennemis.

Le Corbeau deviendra pluftost blanc, que celui qui cherche la science sans application ne deviendra savant.

Qui veut se marier sans argent, ressemble à un chasseur qui veut prendre un Cerf sans chiens; & qui se met dans la devotion sans science, ressemble à un papier sur lequel rien n'est écrit.

En esté on souhaite l'hiver, & quand l'hiver est venu on le maudit, tant il est vrai que l'homme ne peut vivre content dans un mesme estat.

On estime dans le monde ceux qui ne meritent pas d'estre estimés, & l'on y méprise les personnes de merite : Mais, le monde ressemble à la mer, la perle est au fond, & la charogne surnage.

N'est-ce pas une chose admirable que le vin, qui fait un homme liberal d'un avare ?

On excuse les yvrognes ; mais, les amans ne sont pas moins excusables dans leurs emportemens.

Le monde est comme une hostellerie, où le voïageur couche aujourd'hui, & d'où il part le lendemain.

Qui n'a pas d'argent est comme un oiseau sans aisles, & comme un navire sans voiles.

La raillerie est bonne, mais il ne faut pas qu'elle passe les bornes de l'honnesteté.

Ne fermés pas vostre porte à ceux qui veulent entrer, & ne refusés pas vostre pain à ceux qui veulent manger.

La volonté de Dieu destruit la volonté des hommes.

Vous faites à Dieu le bien que vous faites à vostre prochain.

Prenés exemple des malheurs des autres, afin que les autres ne prennent pas exemple des vostres.

Les choses qui nuisent, sont des enseignemens.

Les paroles sont pour les femmes, les actions pour les hommes.

Quoique vostre ennemi ne paroisse pas plus qu'une fourmi ; neanmoins, regardés-le comme un élephant.

Mangés, beuvés avec vos amis; mais, ne leur vendés rien ni n'achetés rien d'eux.

C'est parler à l'insensé que de ne lui point parler. Plus vous lui parlerés plus vous vous causerés de chagrin.

Chacun doit parler de ce qui regarde sa profession, & non pas de ce qui regarde la profession des autres.

Le meilleur est de ne point parler des choses dont on ne peut se souvenir sans douleur.

Ne demandés ni ne desirés l'impossible.

Apprenés à supporter constamment les changemens de la fortune.

Chaque nuit produit toûjours quelque nouveauté, & l'on ne sait pas ce qui doit éclorre avant que le Soleil se leve.

Une belle femme & le vin, sont de doux poisons.

En quelque lieu que le pauvre arrive le soir, il y trouve son Palais.

Cent voleurs ne peuvent pas dépoüiller un pauvre homme nud.

L'homme s'en retourne de la mesme maniere qu'il est venu.

Plus les choses sont deffenduës, plus on y est porté.

Qui veut un ami sans defauts, demeure sans ami.

Ne communiqués à personne ce que vous devés faire, parce qu'on se moquera de vous si vous ne réussissés pas.

Le repos dans l'un & dans l'autre monde consiste en deux choses ; à vivre de bonne intelligence avec ses amis & à dissimuler avec ses ennemis.

Qui ne se soucie plus de vivre, dit tout ce qu'il a sur le cœur.

Le respect & la civilité entre les amis doivent estre de l'un & de l'autre costé.

Le stupide avec sa stupidité fait ce que le sage fait avec son esprit.

Le desir de vivre destourne des grandes & belles entreprises, & fait prendre l'habitude de l'oisiveté & de la paresse.

Combien la vie seroit courte si l'esperance ne lui donnoit de l'estenduë?

Homme au monde ne peut veritablement estre appellé homme que celui qui ne se fie à personne.

Le moïen de ne pas faire de fautes en parlant, est de garder le silence.

Gardés-vous une fois de vostre ennemi; mais, prenés garde à deux fois à vostre ami.

L'esperance est une compagne admirable, si elle ne conduit pas toûjours où l'on souhaite d'arriver, au moins sa compagnie est agréable.

Qui pesche les perles se plonge dans la mer, & qui aspire à la grandeur passe les nuits dans les veilles.

Qui connoist bien ce qu'il cherche, ne regarde pas aux dangers qu'il doit rencontrer avant que de le trouver.

La facilité à donner est autant condamnable dans les femmes, que l'avarice dans les hommes.

Les grandes ames paroissent en public, lors qu'ils ont de quoi faire du bien ; mais, ils se cachent dans la pauvreté, & n'importunent personne en demandant.

Quand vous voïés le pauvre à la porte du riche, plaignés le sort du pauvre d'avoir besoin du riche, & plaignés le sort du riche de l'attache qu'il a pour les richesses. Mais, quand vous voïés le riche à la porte du pauvre, benissés le pauvre de ce qu'il n'a besoin de rien, & benissés le riche de l'honneur qu'il fait au pauvre.

Les longs discours ennuïent & endorment les plus patiens & les plus sages.

Plus un livre est gros, & plus il pese dans les mains ; mais, il n'en est pas meilleur.

Considerés-vous que ce que vous aimés est une peau qui couvre du sang & des os ?

Qui veut devenir puissant Seigneur, obtient ce qu'il souhaite à la Cour des Rois.

Trois choses donnent accés auprés des Rois, les beaux arts, les richesses & l'éloquence.

Il n'est pas du bon sens de marcher par un chemin que l'on ne connoist pas.

Trois choses rendent le regne des Rois agréable ; la facilité à se laisser approcher, la justice & la liberalité.

L'ignorance est injuste envers tout le monde.

Un conte est vieux dès la premiere fois qu'il a esté raconté.

Dans le temps où nous sommes, faire paroistre ce que l'on sait & de quoi l'on est capable, est la mesme chose que de jetter des perles exprès pour les perdre.

Ne vous plaignés pas du monde ; car, quel bien peut-on en attendre ? Les Rois eux-mesmes y souffrent, quel repos le pauvre y trouvera-t'il ? Si vous souhaités le repos vous le trouverés dans la retraite.

Qui a de la vertu protege & maintient la vertu de mesme que le diamant polit le diamant, & celui-là protege la vertu qui la loüe & qui cache les defauts.

La vertu n'est plus au monde, le miel en est osté, les guespes y sont restées.

Le moins estimable des amis est celui qui fait des ceremonies.

On pourroit vivre heureusement si les ceremonies n'y mettoient pas obstacle.

C'est avec les estrangers qu'il faut faire des ceremonies ; mais, elles doivent estre bannies entre les amis.

Il est moins facheux d'estre malade, que d'avoir soin d'un malade.

Chacun suivant son rang a ses maux à supporter, & personne pour cela n'a point de lettres d'exemption.

L'homme doit estre ferme & stable, comme un rocher, & non pas leger & mobile, comme le vent.

La douceur est le sel des bonnes mœurs & des belles qualités.

La patience est la colomne qui soutient la prudence.

L'honneste femme aime son mari, & quoique laide, elle ne laisse pas que de faire l'ornement de sa maison.

Si pauvre que soit un mari, il est heureux comme un Roi lorsque sa femme est sage & soumise.

Au jugement des sages, il faut éviter de prendre en mariage cinq sortes de femmes : Une femme qui a des enfans d'un autre mari, une femme plus riche que soi, une femme qui regrette son premier mari, une femme qui médit de son mari en son absence; enfin, une femme qui a de la beauté; mais qui est de basse naissance.

Ce sont les menteurs qui font des sermens.

Les personnes de naissance & de probité sont amis au souverain degré; mais, l'amitié des personnes qui sont nées & qui vivent dans la bassesse, n'est pas solide.

Les innocens parlent avec hardiesse.

Qui n'a point d'envieux n'a point de belles qualités.

N'approuvés pas dans les autres ce que vous n'approuvés pas en vous-mesme.

Evités la compagnie de ceux qui affligent les autres. Il y a lieu de craindre de se brusler quand on est près du feu.

Qui fait du bien aux méchans, fait la mesme chose que s'il faisoit du mal aux bons.

La patience est le meilleur bouclier du monde pour se deffendre d'un affront.

De la maniere dont le monde est affligeant, on ne peut pas y trouver de satisfaction.

Il faut travailler à faire des provisions pendant l'esté, pour vivre en repos pendant l'hiver.

Vous estes esclave des plaisirs de vostre corps ; cependant, il n'y a pas de plaisirs que vous ne puissiés gouster dans la possession de vous-mesme.

La querelle entre les amis redresse l'amitié.

Enseigner un méchant, c'est mettre le sabre à la main d'un assassin.

Une méchante ame est capable de faire tout le mal qu'on en peut penser.

La raison pourquoi les Courtisans font la cour aux Rois avec tant de zele & avec tant de passion, est qu'ils savent que par-là ils arriveront à la grandeur à laquelle ils aspirent.

Un Monarque qui cherche ses plaisirs & sa satisfaction particuliere, & qui souffre que ses sujets soient dans la misere, voit bien-tost l'éclat de sa grandeur obscurci.

L'esperance vient après le desespoir, de mesme que la clarté vient après une nuit obscure.

L'ignorant est assis à la place d'honneur, & l'égarement est si grand, qu'on ne laisse pas approcher le savant de la sale où il préside.

En quelque estat de misere que ce soit la beauté a cela de particulier, qu'elle attire les yeux de tout le monde.

Qui a parfaitement de l'esprit fera prendre de la terre pour des pierreries s'il l'entreprent.

La science a cet avantage qu'elle fait que ceux qui la possedent commandent à ceux ausquels ils sont soumis.

Ce n'est ni de nos richesses ni de nos connoissances que nous devons faire gloire; mais, d'estre savans, vertueux & de bonnes mœurs.

C'est une grande ignominie qu'un savant vitieux; mais, un Derviche ignorant est encore quelque chose de pire,

& l'un & l'autre enseignent la Religion qu'ils ignorent & qu'ils méprisent.

L'homme qui a de l'esprit & qui consulte les autres, n'est qu'un demi-homme, celui qui n'en a point & qui ne prent point conseil, n'est pas homme.

Ne vous informés pas de celui avec qui vous voulés faire amitié; mais, informés-vous de celui qui est son ami, parce que facilement chacun suit les mesmes traces que son ami. S'il est méchant ne feignés pas de vous en éloigner; mais, s'il est bon, attachés-vous à lui, vous deviendrés bon.

N'aïés point de familiarité avec le paresseux, le méchant corrompt aisément le bon. Ne voïés-vous pas que le feu se change en cendre par le voisinage de la cendre?

La plus grande dette est celle dont on est redevable à un maistre qui enseigne, & c'est la premiere qu'il faut païer, mesme largement, non pas tant pour s'en acquitter que par respect pour sa personne.

Il est de la science à l'égard des présomptueux, comme de l'eau à l'égard des lieux élevés ; car, de mefme qu'il eft contre la nature de l'eau de s'élever, de mefme auffi il eft contre la nature de la fcience d'arriver jufques aux préfomptueux.

Vous defirés d'eftre favant fans travail. C'eft une de mille efpeces de folies qu'il y a au monde.

Qui veille la nuit, fe réjoüit le matin.

Que de honte ! Que d'affronts ! Que de chagrins caufe à l'homme la feule & damnable oifiveté !

Qui enfeigne & ne pratique pas ce qu'il enfeigne, reffemble à la poule qui a des aifles & qui ne vole pas.

Les richeffes après lefquelles vous courés avec tant d'ardeur, reffemblent à l'ombre qui marche avec vous. Si vous courés après elle, elle vous fuit, fi vous la fuïés, elle vous fuit.

Vous qui eftes favant, foïés content de voftre fortune, de crainte que l'abondance n'accable & ne trouble voftre efprit. Un ruiffeau tire des eaux pures de fa fource ; mais, il eft troublé d'abord qu'il paffe pardeffus les bords de fon canal.

Quelle autre chose est le temps qu'une route précipitée qui nous conduit continuellement à la mort malgré nous? Et ce qui donne de l'étonnement aux sages, est que le voïageur fait ce chemin mesme dans le temps qu'il est en repos.

Vous qui pleuriés au moment de vostre naissance pendant que les amis de la maison se réjoüissoient & rioient, efforcés-vous de faire en sorte que vous vous réjoüissiés, & que vous riés dans le temps qu'ils pleureront à l'heure de vostre mort.

Souffrés patiemment toutes les attaques de vos envieux, vous les accablerés tous par vostre patience. C'est de cette maniere que le feu se consume quand il ne trouve rien qu'il puisse consumer.

Voulés-vous abbattre vostre ennemi sans armes, l'accabler de chagrin & le faire enrager? Méprisés-le, pratiqués la vertu, ce sont des moïens qui le feront mourir plus cruellement que le fer.

Quelque soin qu'on prenne d'éloigner tous les sujets de médisance, personne n'est à l'abri de la langue des hommes. Ils appellent muet celui qui garde le silence, avare celui qui ne prodigue pas ce qu'il a, prodigue celui qui fait largesse de ses richesses ; c'est pourquoi laissés-les dire & ne craignés que le jugement de Dieu.

Ne méprisés personne en quelque estat de bassesse qu'il soit. La fortune peut l'élever & vous abbaisser.

Pendant que la fortune vous rit & que vous commandés aux autres, comportés-vous sagement ; parce que vous abandonnerés bien-tost toutes choses. Considerés ceux qui sont venus avant vous, considerés les Empires, tout est passé, & de tout ce qui a esté, rien ne reste que les traces de la vertu.

La memoire se pert ; mais, l'écriture demeure.

N'abregés pas les longues nuits par le sommeil, & ne prolongés pas le jour qui est si court, par des crimes.

Nous voïons mourir de faim ceux qui ont les plus belles qualités & les plus indignes au milieu des richesses, & des esprits les plus élevés qui n'en ont pas sû la cause se sont rangés du parti des derniers.

Quel bouleversement cause le temps ! Les mœurs sont corrompuës, l'inconstance regne en toutes choses. Il en est de mesme que de l'ombre sur le bord des estangs, où la teste qui est la partie la plus noble tent vers le bas, & les pieds quoique la partie la plus vile, tiennent le dessus.

Le monde a perdu l'esprit, il favorise ceux qui lui ressemblent. Malheur à eux si un jour le monde devient sage !

Si la science sans la Religion estoit estimable, rien ne seroit plus estimable que le Demon.

Eloignés vous des Rois & de leur colere, & ne faites pas la cour à ceux de qui les paroles sont aussi-tost executées que prononcées.

Pour arriver au comble de la sagesse, il ne faut ni trop manger, ni trop dormir, ni trop parler.

Rien n'exprime mieux un grand parleur, qu'une nuit longue & froide de l'hiver.

Tous les crimes prennent leur origine de la vûë, de mesme qu'un grand feu
s'allume

s'allume d'une estincelle.

Un bon livre est le meilleur des amis. Vous vous entretenés agréablement avec lui lorsque vous n'avés pas un ami à qui vous puissiez vous fier. Il ne revele pas vos secrets, & il vous enseigne la sagesse.

Le corps s'engraisse à force de dormir; mais, l'esprit augmente à force de veiller.

Qui s'attache à des inutilités, pert ce qui lui seroit utile.

Plus on a d'esprit, & moins on a de paroles; c'est pourquoi, il est comme certain qu'un grand parleur n'a point d'esprit.

Personne de ceux qui demandent conseil ne se trouve trompé, & ses affaires ne réussissent pas moins bien.

On vient à bout de toutes choses avec la patience; mais, c'est une vertu que peu de personnes pratiquent & rarement.

La grande force paroist en une heure de patience.

Personne n'est si savant que personne ne puisse estre plus savant que lui.

Médités & vous comprendrés.

Les paroles ressemblent aux fléches

qu'on dirige vers un but avant que de les lacher pour les y faire arriver.

La science est l'heritage de l'homme, il doit la prendre par tout où il la trouve, & laisser toute autre chose comme n'y aïant aucun droit.

L'amour des richesses est une maladie, c'est estre à l'agonie que de demander l'aumosne, & c'est la mort mesme que d'estre refusé.

On cherche des richesses & on ne les trouve pas; cependant, chose estrange! on ne cherche pas la fin de ses jours & on la trouve.

Il ne seroit pas si facheux à un savant d'emploïer ses ongles à polir le marbre, de mordre une enclume avec les dents, de faire des voïages continuels par mer, d'entreprendre le voïage de la Mecque & n'avoir pas de quoi manger en chemin, d'aller au Mont Caucase & d'en rapporter une pierre de cent livres pesant, que de voir seulement de loin le visage d'un ignorant.

Qui ne se contente pas de ce qu'il a suffisamment pour vivre, ne connoist pas Dieu ni ne l'honore.

La sagesse & le courage ne servent de

rien lorsque la fortune nous abandonne.

La fortune vient les chaînes aux pieds; mais, lors qu'elle se retire, elle les rompt toutes par l'effort qu'elle fait pour fuir.

Lors qu'un Roi passe les jours & les nuits dans le jeu, dites que son Roïaume sera rempli de malheurs & de guerres.

Rien n'est plus amer parmi les hommes que la perte des amis.

Où sont les Rois? Où sont les autres hommes? Ils ont fait le mesme chemin que tu tiens. Toi qui as préferé le monde perissable à toute autre chose, & qui estimes heureux ceux qui ont fait le mesme choix que tu as fait, prens de ce monde ce que la necessité veut que tu en prennes, savoir, que la mort en est le dernier moment.

Ne prononcés point de paroles deshonnestes; si vous en entendés prononcer, songés à autre chose, & faites comme si vous ne les entendiés pas.

Le monde ressemble à un logement, où l'on reçoit les voïageurs: Celui qui neglige de faire les provisions dont il a besoin pour passer plus outre est un insensé.

Ne vous laiffés pas feduire par la multitude, parce que vous ferés feul quand vous mourrés & quand vous rendrés voftre compte.

Penfés d'où vous eftes venu, où vous devés aller & où vous devés demeurer éternellement.

Les richeffes confiftent dans ce qui fuffit & non pas dans ce qui eft de fuperflu.

De mefme que le feu s'allume avec le bois, de mefme auffi la guerre s'excite par les paroles.

Le blâme dont la médifance ne peut s'excufer, eft de ternir la verité.

Ne vous eftonnés pas de voir les perfonnes de vertu dans les difgraces & dans le mépris, ni de voir les dignités occupées par ceux qui ne les meritent pas : Ouvrés les yeux & confiderés que les eftoiles qui font innombrables ne perdent jamais rien de leur lumiere, & que le Ciel tourne feulement afin de faire voir tantoft une éclipfe de Lune, tantoft une éclipfe de Soleil.

Fin des Maximes.

TABLE
DES PAROLES REMARQUABLES
ET DES BONS MOTS.

A.

Abd-ullah fils de Zebir.   Pag. 163. 164
Abd-urrizzak Efendi.   204
Aboubekir.   2
Afrafiab.   190
Ahmedi.   198. 199
Aïfcheh, femme de Mahomet.   1. 2
Alcoran.   16. 20. 21. 127
Alexandre le Grand.   95. 131. 140. 151. 16.
 160
Ali.   163. 223. 224. 280
Ali Riza.   168
Ami. 160. Amis à la promenade.   46
Amrou Leits.   9. 11
L'Ange Gabriel.   15. 16
Arabe. V. Refponfe.
Arabe du defert.   343
Arafat.   92

TABLE

Ardeschir Babekan. 45. 110
Ariane, Province. 6
Armeniens. 74
Arsacides, Origine de leur nom. 145
Artisan. V. Responſe.
Ascanien. 145
Aspre, monnoïe. 17
Atabek Azz-eddin Masoud. 173
Avare qui veut faire lire l'Alcoran pour son fils malade. 116
Aveugle qui porte une cruche. 37
Aumosne. 224
Azraïl. 225. 226

B.

Babekan. 110
Bacht Ieschoua. 64. 65. 70. 71. 165. 166
Bactriane. 6
Bajazet. 26
Baïkra. Mirza Baïkra. 211. 212
Balilche, monnoïe. 192
Barbe des Mahometans. 40
Basra. 33. 34. 91. 92
Bassiri. 25. 26. 230
Bedr-eddin Roi de Moussoul. 179
Begue qui marchande une Fourrure. 227. 228
Behloul. 33. 34
M. Bespier. 169
Bibliotheque. 134. 135
Bokhara. 130
Bossu. V. Responſe.
Bouzourgemhir. 53. 54. 90. 137. 138. 139

C.

Çâcideh, sorte de Poësie.	27
Cadilesker.	119
Cadi-zadeh Roumi.	217. 218
Cadis.	19. 22
Caher Billah.	72. 74
Caïm Billah.	53
Calender.	13. 14. 24.
Calife avare. 26. A table.	32
Calife. V. Chiaoux.	
Candahar.	210
Caplan Pacha.	227
Caracoroum.	193. 194
Cara Mustapha Pacha.	135
Cara Scheïtan.	225
Ceïlan, Isle. V. Serendib.	
Chiaoux.	56
Chrestien fait Mussulman.	22
Clémence d'un Roi envers un criminel.	72
Cobad Roi de Perse.	142. 143
Cogia Efendi.	219
College.	102. 103
Cosaïb.	94
Cornu, nom d'Alexandre, & pourquoi.	96
Couloglou.	222
Courtisans de Mahmoud Sebekteghin.	121
Criminel qui obtient sa grace d'un Calife.	149

D.

Dame. V. Response.	
Dame, comment guerie.	67

TABLE

Dame Egyptienne qui respond à un Astrologue. 75
Darab Roi de Perse. 95
Darius. *ibid.*
Derviche. V. Responce. Invité à la table d'un Sultan. 97. Qui mangeoit dix livres de pain. 100. Qui sort de son Couvent. 102. Qui parle hardiment à un Roi. 105. Qui ne parle pas à un melancholique. 112. Familier avec un Sultan. 141. Les Derviches sectateurs de Diogene. 90. Ils se marient. 97. Ils ne reçoivent pas d'argent. 102
Descendant d'Ali. 41. 228
Diarbekir. 124. 125
Difference entre un savant & un Derviche. 103
Dirhem. 8
Dogrulbeg. 169
Drachme, monnoïe d'argent. 27

E.

Emin. 4. 5
Emir. 160
Emir-elmoumenin. 149
Empereur des Croïans. *ibid.*
Enveri 149

F.

Fakhr-eddevlet Roi de Perse. 152. 155
Fanar. 220
Fatime. 5
Favori qui fait cortege à Cobad Roi de Perse. 142
Femme. Les femmes Mahometanes ne se laissent

DES BONS MOTS.

sent pas voir. 18. Femme qui consulte Bouzourgemhir. 53. Maltraittée & sa repartie. 62. 63.
ils. V. Response.
ils d'un pauvre. V. Response.
ils heritier d'un riche Mahometan. 42
ils qui garde le silence. 120
ota. 199

G.

Abriel. V. Ange.
Gabriel, Medecin. 66. 67
alien. 121
l. Gaulmin. 226
azel, sorte de Poësie. 49. 50
aznin, Ville. 59. 62
elal-eddevlet Melek Schah. 168
eleb. V. Tcheleb.
entius, traducteur du Gulistan. 78
orge fils de Bacht Ieschoua. 64
iami. 49. 50
inghiz Khan. 173. 175. 176. 177. 179. 180. 182. 184.
iondi Sabor, Ville. 65
iongikhan. 174. 175
ouverneur chastié. 59
our, desert de Gour. 118
recs. 51
regeois, feu Gregeois. 128
ulistan. 78

H.

Afiz. 2
Hagiage. 83. 139. 150. 16
amadan. 22

TABLE

Haman.	109
Hareth, Medecin.	63. 64
Haroun-erreschid.	15. 16. 94. 165
Haschem.	150
Hassan de Meïmend.	111
Hassan fils d'Ali.	163
Hatemtaï.	113
Hims, Ville.	171. 173
Hizir.	96
Hormouz.	81. 82. 144. 145
Hormouzan.	2. 4

I.

Iacoub fils de Leïts.	6. 7
Iatsi namaz, explication de ce mot.	32
Ibrahim, frere d'Haroun erreschid.	66
Ibrahim, Mirza Ibrahim.	212. 214
Jean fils de Mesué.	66 68
Jeune homme railleur.	55
Imam éloigné de sa Mosquée. 31. Explication du mot d'Imam.	32
Isa.	232. 233. ib.
Iskender. V. Alexandre le Grand.	
Iskender, Mirza Iskender.	214. 215
Ismaïl, Roi Samanien.	9
Jugement universel attendu par les Mahometans.	106
Juifs en contestation avec des Turcs. 231. Taxés à païer les Pavillons du Grand S.	
Julfa.	14

K.

Kaan.	190
Khan, explication de ce mot.	31
Kharezem,	182

Khorassan. 46
Khosroü, Roi de Perse. 53. 54
Khouzistan. 2. 3
Kidou, Mirza Kidou. 209. 210
Kikiaous. V. Onsor.
Kior, explication de ce mot. 227
Koutb-eddinde Nicée. 196
Kupruli. 135
Kuseh, explication de ce mot. 227
Kuseh Tchelebi. 230

L.

LEtifi. 26
Locman. 160. 162. ib.
Loristan. 211
Luiteur. 87

M.

MAavia. 2. 164
Mage. 167
Mahmoud Sebecteghin. 59. 61. 121. 152
Mahomet. 1. 13. 20
Mahometan qui consulte Aïscheh. 1. Qui se dit Dieu. 13. Qui se dit Prophete. 19. Qui ne fait pas la Priere. 23. Avare. 29. Difforme. 32. Avec un grand nez. 40. Propre. ib. A l'agonie. 44. Qui veut faire laver son fils avant qu'il soit mort. ib. Robuste qui ne peut vaincre sa colere. 103. Qui avoit mal aux yeux. 128. Qui voïoit un livre Arabe. 219
Mahometans. 45. Ils branlent la teste en lisant. 37. Ils font laver les corps des morts. 44. Leur sepulture. V. Sepulture. Ils haissent plus les Juifs que les Chrestiens. 129
Mahometane difforme. 18

TABLE

Malatia, Ville. 192
Mamoun. 4. 5. 168
Manſour. 64. 66. 165
Marchand perſecuté. 59. De bois. 86. Grand voïageur. 115. Qui fait une perte conſiderable. 120. Qui avoit perdu une bourſe. 194
Mari qui avoit perdu ſa femme. 124
Maſoud. 62
Maracande. 6
Martyrs chez les Mahometans. 164
Maverannahar. 6
La Mecque aſſiegée & forcée. 163. 164. Son Temple. 165
Mecrit. 174. 175
Medecin. V. Reſponſe. Du Grand Seigneur, ſon pouvoir. 74. Grec, ſon ignorance. 75. Envoïé à Mahomet par le Roi de Perſe. 108
Meged-eddevlet Roi de Perſe. 152
Mehdi, Califé.
Mehemmed. 2. 26. 30
Mehemmed Zekeria. V. Razis.
Mehemmed fils de Taher. 6. 7
Mehemmed Gehanghir. 208
Mehemmed. 4. 227
Meïmend. 122
Mendiant. V. Reſponſe.
Mer d'Afrique. 118
Merou. 4
Melched. 5. 168
Meſſihi. 51
Meſué. V. Jean.
Mevlana, explication de ce mot. 51

Mirkhond.	173
Mirza Baïkra. V. Baïkra.	
Mirza Ibrahim. V. Ibrahim.	
Mirza Iskender. V. Iskender.	
Mirza Khan. 30. Explication du mot de Mirza.	16
Mirza Kidou. V. Kidou.	
Mirza Omer.	202. 204
Mouphti.	119
Moussoul.	171
Mullas.	119
Murad II.	222
Mutadad.	11
Mutevekkel ala-llah.	69 70
Mutezid Billah.	167. 168

N.

Nassir-eddin Mehemmed.	171
Nejem-eddin Kebri.	185
Nevrouz.	143
Nisa, Ville.	59. 62
Nisabor.	6
Nouschirvan.	54. 55. 90. 93. 143. 157. 158

O.

Officier. V. Response.	
Ogtaï Khan.	188. 189. 190. 192. 194. 195
Omar.	2
Onsor el Maali Kikiaous.	53. 56

TABTE

P.

Pacha qui faisoit joüer des tymbales. 222
    Explication du mot de Pacha. 223
Pacha Schahin. 227
Page jetté dans la Mer.
Pain. Distribution de pain, 102
Paropamisades. 6
Pauvre qui demande l'aumosne. 43
Pelerins de la Mecque. 92
Personne de remarque loüée en sa présence.
Pharaon. 107
Philosophe d'une grande laideur. 131. Qui avoit écrit 50. volumes. 132. Qui donne conseil à son fils. 138
Pilau. 25
Pir Mehemmed. 210
Platon. 158
Poëte Persan qui lit des vers au Poëte Giami. 49. Qui lit de méchans vers. 47. Qui se croit malade. 48. Qui recite des vers à la loüange d'un voleur. 123. Qui lisoit des vers à un Emir. 159
Predicateur qui faisoit de méchans vers. 48
Priere des Mahometans. 74
Prince. Repartie d'un Prince. 84. De petite taille. V. Response.
Prophete, faux Prophete. 15

R.

Razis. 52. 71
Repartie d'un frere pauvre à un frere riche. 93. D'un Prince à son frere Roi d'E-

gypte. 106
Responſe d'une Dame interrogée par Hagiage. D'un artiſan. 44. D'un boſſu. 45. D'un fils. 47. D'un Prince de petite taille. 79. Hardie d'un Derviche. 89. 90. D'un Derviche à un Roi. 99. D'un fils pauvre au fils d'un riche. 129. D'un Medecin. 138. D'un Arabe. 155. D'un mendiant. D'un Officier à Alexandre le Grand.
M. Ricaut. 170
Roi de Perſe en colere. 57. Un Roi fait vœu de faire une anmoſne à des Derviches. 101. Emprunte de l'argent d'un pauvre. 114
Roi des Arabes caſſé de vieilleſſe. 82
Roum, Empereur de Roum. 137

S.

Saad-eddin. 201. 202
Sadi Poëte Perſan, Auteur du Guliſtan repris par ſon pere. 98. Se marie à Halep. 100. Ne veut pas acheter une maiſon dans le voiſinage d'un Juif. 122. Repris par ſa mere. 125
Saffar, Saffariens. 7
Sage, mot d'un ſage à un Indien. 128
Sages, les ſages. 86
Saheb, fils d'Ibad. 135
Saladin, ou, Salahh-ddin. 171. 172
Samael, nom d'un Ange. 226
Samaniens. 93
Samarcande. 6. 20
Sang, prix du ſang. 48
Sapor. 145. 146. 147
Saſan, Saſaniens. 110. 145

Hh iiij

TABLE

Savant qui a l'esprit égaré. 25. Qui se place au dessus d'un Mahometan qui sait l'Alcoran par cœur. 20. D'une grande laideur. 38. 39. Qui marie sa fille à un aveugle. 104
Savans des Indes. 76
Schahroch. 27. 29. 204. 208. 216
Scheich, explication de ce mot. 55
Scheikhi. 220. 221
Schemi. 51
Schems-eddin Mehemmed Fanari. 219
Schems el Maali. 156. 157
Schiraz. 192. 193. 212
Schouschter. 2. 3
Seïdeh Reine de Perse. 152. 155
Selgiucides, Selgioux. 169
Senadab. 5
Sepulture des Mahometans. 130
Serendib, Isle. 105
Sinan fils de Thabet. 72
Sistan. 6
Sivri-hissar. 16. 17
Sofis. 110. 111
Sogdiane. 6
Soliman, Calife. 170. 171
Songe d'un devot. 99
Suse. 3

T.

Taftazan. 202
Taher, Taherien. 4. 5
Taïankkhan. 174
Tailleur de Samarcande. 54
Tamerlan. 197. 198
Tangri, signification de ce mot. 170
Tangrolipix. 169

DES BONS MOTS.

Taprobane. V. Serendib.
Tartares. 114
Tchelebi & Tcheleb. 231
Tchendi Sapor. 145
Temple de la Mecque. 188. V. la Mecque.
Timour. V. Tamerlan.
Tisseran. 35
Topal, explication de ce mot. 227
Tous, Ville.
Transoxiane. 6
Turban, gros Turban. 118. 119
Turc, explication de ce mot. 43. Responte d'un Turc. *ibid.*

V.

Vagabond déguisé. 90
Varna, Bataille de Varna. 212
Vathik Billah. 68. 166. 167
Vieillard âgé de 100. ans. Sa responte. 55.
   Qui exerce la Medecine sans savoir lire. 72.
   De Bagdad. 104. De Diarbekir. 124. Qui ne se marioit pas. 127
Ulug Beg. 204. 207. 117
Voleur jeune condamné à avoir la main coupée. 148
Uzbecs. 6

Fin de la Table des bons Mots.

TABLE
DES MAXIMES.

A.

ABandonnement. 299. Du monde. 264
Abondance. 251
Accompli. 335
Acquisition. 326
Action, bonne, méchante. 250. 251. 252.
285. 290. 298. *ibid.* 308. 312. 323. 331.
339
Affaires. 240. 256. 257. 265. 269. 222.
291. 319. 324. *ib.*
Affliction. 253. 325. 336
Affront. 261. 305. 306
Aimer. 342
Alliance. 245
Amans. 338
Ame. 265. 307
Ami, amitié. 244. 246. *ib. ib.* 250. 253. *ib.*
254. *ib.* 255. *ib.* 258. 263. *ib.* 268. 269.
273. 278. 280. 281. 284. 286. *ib.* 288.
289. 294. *ib.* 296. *ib.* 300. 301. 306. 308.
309. 310. *ib. ib.* 311. *ib. ib.* 312. 316. 317.
ib. 323. 324. 325. 329. 330. 331. 335. *ib.*
336. *ib.* 339. 340. 341. 344. 345. 348. 355.

DES MAXIMES.

Amour. 244
Apparence. 294
Apprendre. 333
Approche des Grands. 316
Approuver. 345
Argent. 322. 338
Art. 249. 253. 284. 343
Attache. 306. Auprès des riches. 251
Avantageux. 330
Avare, Avarice. 248. 254. 257. ib. 263. 272.
  283. 289. 293. 313.
Aversion. 283. 321
Avidité. 245. 286. 300
Avis. 262
Aumosne. 354
Autorité. 332

B.

Beauté. 277. 347
Bien, faire le bien. 259. 268. 273. 288.
  289. 297. 305. 311. 319. 342. 346
Biens du monde. 320. 322
Biens d'autrui. 329
Bien-fait. 240. 247. 248. 249. 286. 322
  324. 333
Bien-veillance. 265
Blâme. 268
Bon, bons. 272. ib. 278
Bonnes choses. 333

C.

Capable. 291
Ceremonies. 257. 344. ib.
Chagrin, homme chagrin. 238
Charge. V. Dignité.
Chastiment. 258. 262

TABLE

Chef. 240
Chemin. 343
Chercher. 281
Civilité. 256
Cœur. 238. 316. 317
Colere. 268. 269. 277. 294. 302
Combat. 292
Commandement. 244. 327
Compagnie. 337. 345
Complaisance. 248. 251. 259. 275. 285. 295. 332
Composition. 320
Comprehension de Dieu. 255
Concupiscences. 236. 250. 274. 304. 308
Condescendance. 248
Conduite. 247. 255. 256
Connoistre, se connoistre soi-mesme. 236. 274
Conscience. 294. Homme de conscience. 329
Conseil. 245. 256. 273. 260. 262. 271. 278. 280. 284. 298. 302. 325. 333. 337. 353.
Consolation. 309
Conte. 343
Content, se contenter. 270. 271. 320. ib. 354
Conversation. 253
Convoiter. 310
Cour. 290. 291. V. Service des Rois.
Courage. 246. 263. 280. 329
Courtisan. 346
Craindre, crainte. 292. 296. Crainte de Dieu. 235. ib. ib. ib.
Crime. 351
Cruauté. 285

DES MAXIMES.

Culte de Dieu. 236. ibid. ibid. 240
Curiosité superfluë. 246

D.

Danger. 341
Débauche. 326
Découragement. 328
Decret de Dieu. 246. V. Volonté de Dieu.
Defaut. 305. 306. 326
Deffendus, chose deffenduë. 340
Demande, demander. 292. 329
Dépense. 308 316
Derviche. 276
Desir, desirer, souhait, souhaiter. 241. 242.
 243. 266. 294. 300. 329. 339.
Dessein. 292
Destin. 300
Dette. 348
Devoir. 254
Devotion. 311
Difficile. 320
Dignité, charge. 298. 304. 313
Diligence. 328
Discernement. 313
Discours. 239. 248. 252. ib. 256. 259. 306.
 307. 325. 330. 342
Disgrace. 250. 326
Dispute. 272
Domestique. 327
Donner. 342
Dormir. 267
Douceur, affabilité. 250. 252. 259. 256.
 344

TABLE

E.

Ecolier.	276
Ecouter.	334
Ecriture.	351
Education.	237. 244. 247. 249. 270. 297
Eloquence.	309. 343
Embarras.	287
Emprunt.	318
Enfans.	253. 299. 317

Ennemi. 259. 268. ib. 269. 270. 277. 281. 288. 299. 312. 315. 323. 325. ib. 328. 335. 339. 350. V. Inimitié.
Enseignement, enseigner. 330. 339. 346. 349
Entreprise. 283. 290. 309. 319. 322. ib.
Entretenir, entretien. 323
Envie, envieux. 238. 271. 277. 284. ib. 294. 315. 323. 329. 345.

Equité.	241
Esclave.	284. 329

Esperance. 238. 247. 267. 296. 306. 318. 330. 341. 342. 347
Esprit. 237. ib. 253. 271. 289. 347. Sans esprit. 276

Estime, estimer.	251. 307. 325. 332. 338
Executer.	312
Exemple.	241. 243. 339. 356
Experience.	267

F.

Familiarité.	245
Faveur.	303. 335
Faute.	284. 327

Femme. 253. 265. 277. 282. 292. 310. 336. 340. 344

Filles. 251
Fier, se fier. V. Foi.
Fin. 236. 272. 254
Flaterie, flateur. 267. 325
Foi, bonne foi, se fier. 249. 280. 326. 329. 341. Manquement de foi. 257
Foiblesse. 273
Folie. 239. 284. 315. 318
Force. 247. 336
Fortune. 242. 244. 326. 355. ib. 340. 351
Frequentation, frequenter. 301. 303. 307. 311
Frere. 250. 282. 294

G.

Garder, se garder. 278
Gloire, se glorifier. 242. 252. 260. 261. 311. 347
Gouvernement tyrannique. 319
Grace. 295
Grand, grandeur. 292. 299. 319. 341
Guerre. 346

H.

Haine. 337
Heureux. 306
Homme. 239. 242. 251. 318. 340. 344. 348
Honneste, honnesteté. 245. 252. 262. 297. 314. 322
Honneur. 263. 284. 287
Honte. 275. 327
Humilité, s'humilier. 313. 314. 329

TABLE

I.

Jeune, jeunesse. 254. 299
Ignorant 260. 267. ib. 270. 274 279.
282. 288 293. 296. 317. 327. 333. 341.
343. 347. ib. 354
Impatience. 242. 256. 325
Impieté. 235
Imprudence. 282
Incivilité. 237
Ingrat, ingratitude. 238. 249. 260. 266.
278. 297. 320
Inimitié. 244. 261
Injure. 321
Injustice. 257
Innocent. 345
Intercesseur. 328
Interessé. 283
Interrompre. 264. 273. 326
Inutile, inutilité. 302. 303. 353
Joïe, se réjoüir. 302. 310. 336. 349. 350
Jurer. 236
Justice. 254. 280. 301. 332
Justifier, se justifier. 271

L.

Langue. 238. 248. 250. 251. 268. 282.
288. 321 330
Largesse. 294. V. 328. Liberal.
Liberal, liberalité. 241. 265. 285. 309. 324.
336. 338
Liberté. 244
Libre.

Libre. 320. 330
Livre. 284. 353. 342
Loüange. 275

M.

Mal, rendre le mal, maux. 294. 273. 259. 252. 344
Malade. 344
Malheureux. 237
Maltraitter. 326
Marcher. 331
Mari, mariage, se marier. 249. 337. 345. ibid.
Méchanceté, méchant. 261. 263. 273. 276. 277 283. ib. 300. 318. 323. 346
Mediocrité. 285
Médisance, médire. 241. 245. 293. 301. 329. 350. 356
Mediter. 353
Méfiance, se méfier. 241. 283. 294. 316. ibid.
Memoire. 259. 296. 351
Ménage. 286
Mensonge, menteur. 252. 264. ib. 271. 274. 280. 305. 333
Mépris, méprifer. 287. 351. Mépris de la Cour. 247.
Merite. 279. 308. 332
Mesure. 312
Moderation. 278 309. 330
Mœurs, bonnes, corrompuës. 256. 269. 296. 305. 313. 352
Monarque. V. Roi.
Monde, le monde. 246. 258. 263. 275 278.

TABLE

279. 299. 321. 338. 343. 346. 352. 355

Mort, la mort, mourir. 241. 256. ib. 264.
 ib. 314. 322. 331. 355.
Multitude. 356

N.

Naissance. 253. 255. 260
Naturel, méchant naturel. 316
Necessaire, le necessaire. 278
Necessité. 254
Negligence, negligent. 241. 251. 277
Netteté de cœur. 255
Noble, noblesse. 247. 272. 279. 284. 293.
 300. 304. 313
Nourriture. 304
Nouveauté. 340
Nouvelle. 270
Nuisible. 329

O.

Obligation. 335
Offense, offenser. 258. 313. ib.
Oisiveté. 255. 288. 293. 349. V. Paresse.
Opinion. 247. 277
Opprimés. 259
Ordre. 316
Orgueil. 283
Ornement. 312
Oubli. 275

P.

Païs. 328
Paradis. 263
Pardon. 238. 240. 246. 266. 267. 312.
 313
Paresse, paresseux. 267. 348. V. Oisiveté.
Parler, parole. 240. 250. 258. 261. 262.
 270. 277. 281. 294. 295. 308. 325. 339.

DES MAXIMES.

ib. ib. ib. 330. 334. ib. ib. ib. 352. 353. ib. 355. 356
Passions. 243. 247. 253. 256. 263. 265. 279. 268
Patience. 250. 256. 262. 271. 281. ib. 289. 292. ib. 314. 317. 344. 346. 353
Pauvre, pauvreté. 237. 269. 272. 275. 277. 278. 282. ib. 283. 288. 298. 304. ib. 316. 327. 340. ib. 342
Peché. 245
Penser, pensées. 249. 356
Pere. 310
Perfection. 279
Perseverance. 322
Pitié. 285
Pieté. 235
Plainte. 256
Plaisirs, délices. 241. 246. 312. 346. 290
Précaution. 246. 266. 300
Précipitation. 232
Prédiction. 243
Présent, don. 300. 319
Présomption. 348
Prester. 309
Prieres. 262
Princes. V. Roi.
Procés. 239. 319
Prochain. 273. 339
Proche, parent. 311
Profession. 316
Promesse, promettre 258. 301. 319. 328
Prosperité. 248. 289. 325
Prudence 269. 281. 292. 294. 321. 329
Pudeur. 248

I i ij

TABLE

Punition. 295. V. Chastiment.

Q.

Querelle. 307. 308

R.

Railler, raillerie. 242. 248. 302. 307. ib. 312. 332. ib. 338
Rapport. 245
Rebellion. 270. 317
Recevoir. 291
Récompense. 295
Reflexion. 257
Religion. 236
Remise. 285
Repentir. 239. 331
Repos. 242. 287. 309. 340
Reprendre, se reprendre. 240. 258. 317
Reproche. 242
Réputation. 262. 263. 285. 298. 319. 321
Resister. 298
Respect. 236. 286. 301. 302. 341
Respondre. 294
Revolte. 264
Rire. 307
Richesses. 249. 255. 258. 261. 263. ib. 265. ib. ib. 267. 269. 276. 277. ib. 287. 293. 298. 296. 307. 308. ib. 314. 317. 319. 322. 324. ib. 330. 343. 349. 351. 354. ib. 356
Roi, Prince, Monarque, Souverain. 262. 267. 271. 282. 287. 292. ib. 297. 299. ib. 305. 308. 309. 328. ib. 331. 335. 342. 343. 347. 352. 355

Roïaume.

S.

Sage, sagesse. 244. 264. 265. 267. 270. 272. 273. 274. ib. 275. 278. 295. ib. 318. 335. 352
Santé. 260. 309. 318. 326
Satisfaction. 255
Savant, science. 237. ib. ib. 243. 248. 255. 260. 261. 265. 266. 267. ib. ib. 269. 272. 274. ib. 276. 281. ib 282. 296. 297. 303. 305. 310. 311. 313. 323. 326. 333. 334. 337. 243. 347. 349. ib. 352. 353. 354
Secours. 338
Secret. 260. 265. ib. 268. 274. 281. 284. 303. 330. 340
Sedition. 295
Sens, bon sens. 239. 276
Serment. 345
Service. 286
Service des Rois, des Princes. 272. 291. 313. 321
Severité. 280
Siecle. 254
Silence. 256. 257. 258. 262. 271. 274. 281. 292. 316. 320. 326. 341
Sincerité. 244. 316
Sobre, sobrieté. 252. 272
Soin. 322
Solitude, vie solitaire. 285. 318
Sommeil. 353
Souffrance, souffrir. 242. 259. 312. 318. 350
Souhait. 337. V. Desir.
Soulevement. 259.

TABLE

Soumission.	256. 278
Souverain. V. Roi.	
Succés.	243. 295. 297
Sujets.	271. 304
Superflu.	287.

T.

TEmps.	260. 350
Tombeau.	257
Travail, travailler.	266. 275. 346
Tromper, tromperie.	257. 317. 310
Tyrans, tyrannie.	259. ib. 319. 320

V.

VAleur.	249. 273
Vangeance.	237. 238. ib. 239
Vanité, se vanter.	234. 239
Verité.	253. 288. 299. 303. 321. 323. 333
Vertu	237. 296. 299. 324. 320. 322. 343. ib. 356
Veuë.	352
Vice.	251. 269
Victoire.	243. 322
Vie, vivre.	236. ib. 259. 290. 301. 303. 331. 336. 340. 341
Vieillard, vieillesse.	261. ib. 323
Vin.	338. 340
Visage.	238
Visite.	239. 252
Voïage, voïager.	268. 276. 286. 315. 323
Voisin.	268
Voleur.	340
Volonté de Dieu.	308. 339. V. Decret de Dieu.

Y.

Yeux. 330
Yvrognerie. 254

Fin de la Table des Maximes.

ERRATA.

Page 22. ligne 6. ils le menerent, *lisez* le menerent. Page 41. l. 11. pour ceux, *lisez* & ceux. *ib.* l. 22. fussent, *lisez* soient.
P. 42. l. 8. une une, *lisez* une.
P. 50. l. 4. *lisez* le Poëte. *ib.* l. 12. *lisez* Kitab. *ib. lisez* Nischangi.
P. 66. l. 13. *lisez* Haroun.
P. 74. l. 19. *lisez* Muëteder.
P. 159. l. 12. *lisez* en Turc que j'ai.
P. 164. l. 14. *lisez* Iezid.
P. 173. l. 5. *lisez* Ginghiz Khan.
P. 201. l. 16. *lisez* Ababekir.
P. 215. l. 9. *lisez* Azraïl.
P. 269. *lisez* trop.

Extrait du Privilege du Roi.

PAr Grace & Privilege du Roi donné à Paris, le 8. Avril 1694. signé DE LAISTRE; Il est permis à Michel Brunet, Libraire à Paris, de faire imprimer un Livre intitulé : *Les Paroles remarquables, les bons Mots & les Maximes des Orientaux, &c.* par A. GALLAND, durant le temps de huit années, & deffenses sont faites à tous autres de contrefaire ledit Livre, à peine de quinze cens livres d'amende, confiscation des Exemplaires contrefaits, & de tous dépens, &c comme il est porté plus au long audit Privilege.

Registré sur le Livre de la Communauté des Libraires & Imprimeurs de Paris, le 3. Mai 1694.

Signé P. AUBOUYN, Sindic.

Et ledit Brunet a cedé moitié du present Privilege à Simon Bénard aussi Libraire à Paris, suivant l'accord fait entr'eux.

Achevé d'imprimer pour la premiere fois, le 15. Juin 1694.

Contraste insuffisant

NF Z 43-120-14

www.ingramcontent.com/pod-product-compliance
Lightning Source LLC
Chambersburg PA
CBHW071908230426
43671CB00010B/1528